복 있는 사람

오직 여호와의 율법을 즐거워하여 그 율법을 주야로 묵상하는 자로다.
저는 시냇가에 심은 나무가 시절을 좇아 과실을 맺으며 그 잎사귀가 마르지 아니함 같으니
그 행사가 다 형통하리로다. (시편 1:2-3)

내 평생에 가는 길

Alister McGrath

The Journey

내 평생에 가는 길

알리스터 맥그래스 지음 | 윤종석 옮김

복 있는 사람

내 평생에 가는 길

2003년 9월 23일 초판 1쇄 발행
2023년 9월 26일 초판 10쇄 발행

지은이 알리스터 맥그래스
옮긴이 윤종석
펴낸이 박종현

(주) 복 있는 사람
서울특별시 마포구 연남동 246-21(성미산로 23길 26-6)
Tel 723-7183(편집), 723-7734(영업·마케팅) | Fax 723-7184
hismessage@naver.com
등록 1998년 1월 19일 제1-2280호

ISBN 979-11-7083-020-7 03230

THE JOURNEY
by Alister McGrath

Copyright ⓒ 1999 by Hodder & Stoughton Limited.
338 Euston Road London, NW13BH, England
All rights reserved.
Korean Translation Copyright ⓒ 2003 by The Blessed People Publishing Inc., Seoul, Korea, through the arrangment of KCBS Literary Agency, Seoul, Korea.

이 책의 한국어판 저작권은 KCBS Literary Agency를 통해 Hodder & Stoughton Limited와 독점 계약한 (주) 복 있는 사람이 소유합니다. 저작권법에 의하여 한국 내에서 보호를 받는 저작물이므로 무단전재와 복제를 금합니다.

"주님, 당신을 위해 저희를 지으셨으니
주님 안에서 안식을 얻기까지 저희 마음은 쉼을 모릅니다."

히포의 어거스틴(Augustine of Hippo)

차례

머리말　9

1부 길떠날 준비

여정　17
여행지도　34
신앙여정 히치하이크　43

2부 광야

첫째 여정
창조의 이정표 | 조나단 에드워즈　57
회의의 광야 | 마르틴 루터　66
소생의 오아시스 | J. I. 패커　78

둘째 여정

유배의 이정표 | 캔터베리의 안셀름   93

실패의 광야 | 알렉산더 맥클래런   105

안식의 오아시스 | 수산나 웨슬리   115

셋째 여정

구속의 이정표 | 아이작 왓츠   127

두려움의 광야 | 존 번연   138

교제의 오아시스 | 디트리히 본회퍼   147

넷째 여정

완성의 이정표 | 존 스토트   162

고난의 광야 | 호레이셔스 보나   172

잔치의 오아시스 | C. S. 루이스   183

계속되는 여정   193

참고자료   197

머리말

좋든 싫든 우리는 다 여행중이다. 어떤 이들의 여정은 출생에서 죽음까지만 있고 그 이상은 없다. 하나님을 아는 이들의 여정은 좀더 복잡하다. 출생과 죽음이라는 인생의 양대 기본 이정표는 그대로 있지만 그것을 보는 눈이 달라진다. 그리고 다른 것들이 더해진다.

이제 인생은 장차 있을 더 놀라운 세계에 대한 기대로 바뀐다. 죽음은 여전히 있지만 더 이상 두려움의 대상이 못된다. 죽음이란 신자와 하나님의 황홀한 만남을 가로막는 마지막 장애물이 제해지는 것이다. 본서는 이런 신앙여정에 관한 책이다. 마침내 하나님을 대면하여 뵙기 전 그분과 더 가까워질 수 있는 길을 찾는 책이다. 이것이야말로 길가는 나그네에게 한없는 의미와 만족을 가져다 주는 인간 최고의 여행일 것이다. 하지만 이것은 어려운 도전이요 난제이

기도 하다. 여행자들은 이미 앞서 간 자들로부터 끊임없는 격려와 확신을 얻어야 한다.

많은 이들에게 이 여정은 불만족에서 시작된다. 삶이란 내가 아는 것 이상이어야 한다. 지평선 너머 어딘가에 미지의 세계가 있을 것이다. 여태 손에 잡히지 않던 영적 의미와 만족이 거기에 가면 있을 것이다. 이것은 마치 지평선 너머에 신세계가 있다고 굳게 믿는 신출내기 탐험대원과 같다. 그 세계를 발견하고 탐험하기 전까지 그는 절대 만족할 수 없다. 하나님을 만난다는 것은 새로운 생활방식을 시작하는 것이다. 그것은 "거듭난다"고 표현될 만큼 철저히 다른 방식이다.

여정이 이미 시작된 이들도 있다. 사랑할 줄 알게 된 이후로 줄곧 하나님을 사랑해 온 이들도 있다. 기독교적 환경에서 자라면서 기독교의 개념과 가치를 흡수해 온 이들도 있다. 이런 사람들의 여정은, 이미 소유했지만 완전히 깨닫거나 누리지 못하는 세계에서 더 깊이 탐험해 들어가는 여정이다. 이들은 자신의 신앙이 지금보다 훨씬 더 자랄 수 있음을 안다. 그런 면에서 이 여정에는 보상이 약속돼 있다.

신앙의 부요함을 모르는 그리스도인들이 많다. 예수는 천국을 값진 진주에 비하셨다. 전 재산을 팔아서라도 얻을 만큼 가치 있다는 뜻이다. 이 진주를 얻으면 무엇에도 비할 수 없는 만족을 누린다.

그러나 우리 대부분에게 천국이란 신형 장비에 따라오는 복잡하고 따분한 사용설명서에 더 가깝다. 내용을 더 알아야 될 것 같기는 하지만, 왠지 기존 지식으로 때울 수 있기를 우리는 은근히 바란다.

뭔가 잘못돼 있다. 문제는 기독교 신앙이 아니다. 기독교는 정말 우리에게 값진 진주를 준다. 그 내면의 가치와 값어치는 이루 말할 수 없다. 문제는 이 진주가 돼지 앞에 던져졌다는 데 있다. 진주의 경이와 기쁨을 누릴 줄 모르는 우리 같은 이들이다. 우리는 진주의 아름다움을 보지 못했고 그 가치를 깨닫지 못했다. 기독교에 만족이 없다고 생각하는 이들이 많지만, 사실 그들이 만족을 얻지 못하는 대상은 기독교가 아니라 기독교에 대한 자신의 이해다. 우리 대부분은 기껏 수박 겉핥기에 지나지 않는 피상적 만남을 복음의 전부로 착각하고 있다.

본서는 깊이 파는 책이다. 기독교 신앙에 너무 쉽게 접근하는 방식에 질린 자들을 위해 쓴 책이다. 우리 중에는 기독교 신앙과의 만남이 다분히 피상적인 이들이 많다. 적어도 내 신앙은 그랬다. 나는 기독교 신앙의 기본개념을 이해하고 그 개념들이 맞물리는 신기한 방식을 깨닫고자 많은 시간을 들였다. 기독교 교리의 놀라운 통일성을 깨달으며 많은 것을 얻기도 했다.

그러나 탁상공론에 지나지 않는 듯 보일 때가 있었다. 마치 내 삶의 한 부분에서만 개념이 처리될 뿐 다른 부분들과는 좀처럼 연결

되지 않는 것 같았다. 개념은 현실성과 타당성이 없어 보였다. 이 문제로 씨름하다 나는 내 신앙이 정말 피상적임을 비로소 깨달았다. 내용을 **이해**는 했지만 **누리지** 못했던 것이다. 부분들이 서로 연결되지 않았다. 그러니 신앙이 풍부해지거나 영적 생활이 깊어질 리 없었다. 한마디로 나는 신앙의 부요함을 많이 놓쳤다. 왜 진즉 깨닫지 못했나 하는 아쉬운 마음이 들었다. 그때부터 나는 진지한 독서와 묵상을 시작했다. 정리되는 데 10년이 걸렸지만 가치 있는 시간이었다.

본서는 나 같은 사람들을 위한 책이다. 그들은 더 깊이 파고 탐험하기 원하는 자들이다. 신앙생활의 굵직한 문제들에 대해 선의의 목회자와 친구들로부터 진부하고 얄팍한 답을 듣는 데 이골이 난 자들이다.

자신의 신앙 이해에 불만을 느껴 뭔가 대책을 찾으려는 이들에게 본서가 도움이 됐으면 좋겠다. 문제를 정리하는 첫걸음은 기독교 신앙을 이해하는 틀을 정하는 것이다. 그러면 우리가 하는 일과 가는 방향의 의미가 살아난다. 또 틀을 통해 우리의 상황이 시각화돼 문제를 파악하고 추려 낼 수 있다.

본서가 취한 틀이 기독교 신앙을 생각하는 유일한 방식은 아니지만, 그럼에도 그것은 고금의 무수한 그리스도인들이 아주 귀히 여겨 온 이미지다. 그 틀이란 무엇인가? 여정이다. 이 여정에서 어떻게 걸음을 멈추지 않고 계속 성장할 수 있는지 지금부터 본서를 통해 함께 묵상해 보자.

그러기 위해서는 먼저 여정의 배경부터 알아야 한다.

1부 길떠날 준비

1. 여정

성경은 여행 이미지로 가득하다. 어디를 펴든 길가는 이들을 만날 수 있다. 가장 유명한 것은 이스라엘 백성이 애굽의 고달픈 노예생활을 떠나 약속의 땅 가나안으로 가는 40년 여정일 것이다. 아브라함의 여정도 있다. 그는 믿음으로 조상의 땅(본토 친척 아비 집)을 떠나 하나님이 정하신 곳으로 갔다. 갈 바를 알지 못했지만 하나님이 함께 가신다는 것을 알았다. 그것으로 족했다.

예루살렘으로 떠나는 순례자들의 기사도 있다. 그들은 산을 오르고 힘든 시련에 부딪칠 생각에 두려웠으나 길가는 동안 하나님의 임재를 생각하며 위로를 얻었다. 예루살렘 백성들이 기나긴 바벨론 포로기간 후에 본토로 돌아오는 기사도 있다. 신약성경에 보면 그리스도인들을 지칭하는 초창기 표현은 "도를 좇는 사람"(행 9:2)이다. 그들은 새 예루살렘으로 가는 도(道), 즉 길을 좇는 나그네였다. 그리스도인의 삶은 세상을 지나는 여정이다. 이것은 신앙생활을 그림처럼 생생히 보여주는 유익한 관점이다. 두 가지 이점을 생각해 보자.

1. 여정 이미지는 우리가 어디론가 가고 있음을 일깨워 준다. 우리는 새 예루살렘으로 가는 중이다. 그 덕에 우리는 앞을 내다보며 도착의 기쁨을 설레는 마음으로 기대한다. 어느 날 우리는 마침내 하나님과 함께 있어 주님을 얼굴로 뵐 것이다!
2. 여행은 우리를 목적지로 데려가는 것만이 아니다. 여행이라는 과정 자체를 통해 우리는 자라 간다. 목표를 향해 달려가는 사이, 우리는 성장한다.

이렇듯 여행은 최종적으로 목적지에 도달해 기쁨과 감격을 누리는 것이기도 하지만, 동시에 길가는 동안 내면에 인격적·영적 성장을 낳는 것이기도 하다. 요컨대 여정이란 인간으로서, 신자로서 우리의 성장을 촉진하는 과정이다. 중요한 요지인 만큼 좀더 깊이 살펴볼 필요가 있다.

여행과 영적 성장

어떤 면에서 여행을 마치는 이들은 처음 길떠날 때와 똑같은 사람이다. 그러나 다른 면에서 보면 다르다. 경험을 통해 변화됐기 때문이다. 여행이란 단순히 한 지점에서 다른 지점으로 옮겨 가는 수단이 아니라 인간 발달의 과정이다. 먼 나라로 떠난다는 것은 계획적이고 의도적인 행위다. 그 여행이 가치 있다는 믿음이 있어야 한다. 여행이란 그 자체만으로 목표에 대한 우리의 헌신이 심화될 수 있는 기회다. 길가면서 우리는 기회 있는 대로 목표를 되짚어 보며 도착을 고대한다.

목표 달성의 기쁨을 기대하면 여행을 지속할 힘이 생긴다. 중세의 영성작가들은 *viator*라는 라틴어 단어를 사용했는데, 이는 신자를 지칭했다. 문자적으로는 "여행자, 나그네" 곧 세상을 지나가는 자라는 뜻이다. 이 말대로 우리는 자신을 이주자가 아니라 여행자, 세상에 눌러앉으려는 자가 아니라 세상을 지나가는 자로 볼 필요가 있다.

여행은 또 우리 자신을 더 잘 이해하게 해준다. 인간이란 저마다 장점과 약점의 복잡한 혼합체다. 본인이 아는 부분도 있고 아직 모르는 부분도 있다. 장점은 남을 섬기고 하나님 나라를 세우는 데 도움이 되지만 단점은 방해가 될 수 있다. 자신을 알고 거기에 적절히 대응하는 것은 기독교 제자도의 중요한 측면이다. 홀로 길갈 때 우리는 자신의 실상을 드러낼 시공을 확보할 수 있다. 여럿이 함께 길 갈 때 우리는 숨은 장단점을 그들에게 지적받으며 그들의 지원 속에 관계를 맺을 수 있다.

그러나 그리스도인의 삶은 쉽지 않고 본래 그래서도 안된다. 예수께서 친히 지적하신 것처럼, 그분의 발자취를 따르는 삶은 십자가를 지는 삶이다. 그리스도인이 된다는 것은 잠재된 고난의 길이다. 고금의 그리스도인들이 깨달은 바처럼 기독교 증거의 질은 교회가 받는 핍박의 정도에 정비례한다. 형통한 시절에도 신앙생활에는 고통과 낙심이 따를 수 있다.

잘못된 기대 때문에 어려움이 생기는 경우도 있다. 선의의 전도자나 목사들이 그런 기대를 부추긴다. 추종자들에게 그들은 그리스도인이 되면 건강과 부와 행복이 보장된다고 말한다. 그보다 우리는 하나님이 멀리 계시거나 아예 안 계신 것처럼 느껴져서, 혹은 내 믿음으로 앞날의 여정을 버텨 낼 자신이 없어서 낙심할 때가 더 많다. 짧고 상쾌한 산책일 줄 알았던 것이 미처 제대로 준비되지 않은 마라톤으로 바뀐다.

바로 여기가 "영성"(spirituality)이라는 주제가 들어서는 대목이다. 요즘은 영성의 중요성을 모르는 사람이 없는 것 같다. 영성이란 우리가 하나님을 만나고 경험하는 방식, 그리고 그 만남과 경험의 결과로 우리 의식과 삶이 변화되는 것을 말한다. 영성이란 믿음의

내면화라 할 수 있다. 믿음이 삶의 모든 영역에 스며들어 생각과 감정과 생활을 물들이고 영향을 미치는 것이다.

하나님 은혜의 도움으로 우리는 신앙생활의 질을 심화시키고 보다 진실한 삶을 살아감으로써, 하나님의 신기한 사랑과 은혜를 충만히 경험할 필요가 있다. 그 절박한 필요성에 아무도 이의가 없다. 우리는 앞에 놓인 마라톤을 위해 훈련받아야 한다. 이론적으로는 아주 간단하고 쉬워 보이지만 실천에 들어가면 그렇게 만만치 않다.

그렇다면 나처럼 영성이 별로 뛰어나지 못한 이들의 희망은 무엇일까? 간절한 원함에도 불구하고 이미 지쳐 넘어지고 있는 우리가 어떻게 신앙여정을 계속 걸어갈 수 있을 것인가? 답의 단서는 가까이 있다. 우리는 잠시 멈추고 생각을 가다듬어 나머지 신앙여정을 계획할 필요가 있다.

잠시 멈추어 생각하기
여행은 이미 시작됐다.
그래서 우리 생각도 시작된다.
두 문장이 모순처럼 느껴지는 독자들도 있을 것이다. 그러나 우리 대부분은 신앙생활에 한참 들어선 후에야 비로소 여행 준비의 중요성을 깨닫는다. 세상이 단정히 정리된 곳이라면 그렇지 않을 것이다. 우리는 그런 곳에 살고 싶어하지 않던가. 그렇다면 신앙생활도 군대처럼 주도면밀하게 계획될 것이다. 1944년 유럽에 진입한 연합군의 계획 같을 것이다. 무수한 계획이 작전에 선행될 것이다. 세부사항이 일일이 예견될 것이다. 모든 우발적 사고에 보급이 완비될 것이다.

그러나 현실세계는 이런 이상주의자들의 생각보다 훨씬 어수선하다! 우리 대부분은 자기 행동의 의미를 충분히 이해하지 못한 채 신앙여정에 들어선다. 시작하고 나서야 우리는 기초를 제대로 다졌어야 함을 깨닫는다. 그러니 이제 어쩔 것인가? 포기할 것인가? 물론 아니다!

최선의 준비는 여행이 시작된 후 이루어진다.

웬 뚱딴지 같은 말인가? 여행을 떠난 후 기초를 놓는다는 이야기가 엉뚱하게 들릴 수 있다. 그러나 생각해 보면 극히 맞는 말이다. 문제가 무엇인지 깨닫기까지는 문제에 제대로 대비할 수 없는 법이다. 나그네 삶을 겪으면서 우리는 앞에 놓인 도전을 알고 거기에 대비할 수 있다. 처음에는 몰랐지만 지금은 안다. 그래서 조정하고 적응하면 된다.

무더운 여름날 당신이 메마른 흙먼지 길을 수십 리 걸어 어떤 관광지를 찾아가기로 했다고 하자. 새벽에 잔뜩 들뜬 마음으로 길을 떠난다. 중간에 경치를 구경할 기대가 앞선다. 최종 목적지에 어서 도달하고 싶어 마음이 조급하다. 정말 볼 만한 곳이라고 들었다. 그래서 당신은 열의에 차서 집을 나선다. 물 같은 것은 준비할 생각도 없다. 없어도 될 텐데 뭐! 지도를 읽는 법 등 기본 기술이 돼 있는지 확인할 마음도 없다. 땡볕을 가릴 준비도 없다. 남들한테야 필요할지 몰라도 나는 괜찮으니까!

처음 10분은 좋다. 한 시간 후부터 지치기 시작한다. 두 시간 후에는 입이 타는 듯 목이 마르다. 해는 자꾸만 중천으로 떠오른다. 조금만 지나면 그 이글거리는 열기를 견딜 수 없을 것 같다. 세 시간 후 당신은 맥없이 멈춘다. 끝까지 가지 못할 것을 이미 안다. 사실 당신은 현 위치가 어디인지도 모른다. 지도가 필요 없다고 장담했었다. 설령 지도가 있다 해도 당신은 읽을 줄을 모른다.

이제 어찌할 것인가? 결론적으로 남은 길은 둘뿐이다. 첫째부터 보자.

당신은 포기할 수 있다. 물정을 모른 채 미련했음을 자인하고 집으로 돌아갈 수 있다. 출발할 때보다는 눈이 뜨인 셈이다. 물론 처음부터 알았어야 한다. 여행 준비를 제대로 했어야 한다. 하지만 이렇게 힘들 줄 미처 몰랐다.

하지만 그럴 필요는 없다. 다른 대응방식이 있다. 여정을 지속할 수 있는 훨씬 효과적인 방법이다. 두번째 길은 이렇다.

당신은 쉬어갈 수 있다. 물론 당신은 준비가 제대로 안됐다. 하지만 그렇다고 포기할 생각도 없다. 이제 당신은 앞길의 난관을 안다.

그래서 다음 마을에서 길을 멈춰 지도와 물 몇 병과 햇빛 가릴 도구를 산다. 그리고 기력을 회복한다. 다른 사람에게 지도상의 현 위치를 묻고 지도 읽는 법도 배운다. 그리고는 다시 떠난다. 이번에는 해낼 것이다.

여정의 새 단계인 셈이다. 당신은 포기하지 않는다. 실은 정반대다. 당신은 어떻게든 다음 단계를 성공으로 이끈다. 기술과 자원이 필요함을 이제야 깨닫고 갖추었기 때문이다. 처음 단계에는 고지식했으나 다음 단계에는 성숙하다. 처음 단계에는 단순논리적이었으나 다음 단계에는 심사숙고한다.

표현이야 어떻든 요지는 같다. 길가면서 배운다는 것이다. 우선 무엇이 필요한지 알고 이어 그것을 얻는 법을 배운다. 기술과 자원을 길가다 갖출 수 있다.

본서는 이미 길을 가다가 자신의 미흡한 준비를 깨달은 자들을 위해 쓴 책이다. 어떻게 여정을 지속할 것인가? 어떻게 여정중에 적응하고 성장하는 법을 배울 것인가? 그것을 보이는 것이 본서의 목표다.

예상된 어려움도 있다. 예컨대 피곤과 방해는 기정사실로 부딪칠 난관이다. 반면 생각지 못한 어려움도 있다. 예컨대 절망적 회의는 경험한 자만이 그 파괴력을 안다. 인간 본성으로는 역부족이다. 우리는 인간 본성에 크게 지배당한다. 마음으로는 원일지 모르나

육신이 약하다(마 26:41).

베드로는 무슨 일이 닥쳐도 주님 곁에서 주님을 지키겠다고 맹세하지 않았던가! 그러나 두려움이 덮쳐 오자 그는 주님을 알지도 못한다고 부인했다. 흔들리지 않으려던 그의 의지는 진심이었다. 다만 현실의 중압감 앞에 무너져 내렸을 뿐이다. 성경에는 실패가 성공의 열쇠가 되는 경우가 아주 많다. 실패를 통해 우리는 여태 자신이 거짓 신―대개 자신의 힘과 지혜다!―을 믿었음을 깨닫고 참 신을 다시 발견하게 된다. 시종일관 그분의 힘과 지혜를 믿는 것이 우리의 본분이다.

지혜로운 자는 여기서 멈추어 생각한다. 미련한 자가 뜻밖의 어려움 앞에 포기할 때 지혜로운 자는 그것을 배움과 발전의 기회로 본다. 내일은 여행이 다시 시작될 날이다. 이번에는 제대로 준비된 상태로 떠난다.

그렇다면 어떻게 준비할 것인가? 이미지와 주제에 대해 생각해 보자.

이미지, 이야기, 주제

서구 기독교는 한 특정 사고방식에 깊은 영향을 입었다. 그 사고방식은 신앙과 경이에 대한 우리의 이해를 심각하게 제한했다. 흔히들 그것을 계몽주의라 부른다. 1750년경 시작되어 인간 이성의 위력을 크게 강조한 서구문화의 한 시기를 일컫는 말이다. 이성으로 설명될 수 없는 것이 없었다.

그리스도인들이 이 사고방식에 영향을 입는 것은 불가피한 일이었다. 더 잘 이해하라! 이것이 계몽주의의 기본 기치다. 기독교의 기본 가르침에 대한 이해가 깊어지고 성경지식이 많아질 때 그리스도인의 삶은 진보를 보일 수 있다. 읽고 배우고 이해해야 한다는 기치는 확실히 여러 모로 도움이 됐다. 우선 기독교 신앙의 기본에 대한 그리스도인들의 이해와 지식이 넓어졌다.

그러나 반면 영성 빈곤화를 초래하기도 했다.

왜 그럴까?

상상과 **감정**을 희생시켜 이성을 강조했기 때문이다. 상상과 감정은 우리 신앙생활에 온전히 화합돼야 할 하나님이 주신 두 기능이다. 영성이란 사고와 상상과 감정을 조화시켜 신앙의 부요함과 깊이를 온전히 깨우치는 것이다. **복음은 우리의 사고방식에만 영향을 미치는 것이 아니라 우리가 세상을 경험하는 방식을 바꿔 준다.**

신앙생활 초기에 나는, 그리스도인의 성장이란 내가 이미 알고 있는 것들을 더 심사숙고하는 것인 줄 알았다. 좋은 결과도 있었다. 예컨대 나는 기독교의 핵심 개념을 정확하게 효과적으로 설명하는 것이 얼마나 중요한 일인지 깨달았고, 그런 방법을 몇 가지 찾아내 남들에게 큰 유익을 끼쳤다. 그러나 곧 한계가 분명해졌다. 나는 벽에 부딪쳤다. 내 신앙이 내 삶의 작은 부분에만 영향을 미치고 있는 듯했다.

내 상상과 경험도 성경의 개념에 영향을 입어야 하건만, 나는 그 중요성을 그때 처음 알았다. 지금도 이름을 발음하기 힘든 한 중세 작가의 글을 그때 읽었다. 기어트 저볼트 반 주트펜(Geert Zerbolt van Zutphen, 1367-1400)은 성경묵상의 중요성을 강조했다. 이해가 아니라 묵상이다. 그의 말을 들어보자.

> 묵상이란 읽거나 들은 내용을 마음속에 부지런히 되새기고 곰곰 생각하여, 특정 방향으로 내 감정에 불을 지피고 이해를 깨우는 과정이다.

이 말은 내 성경읽기에 새로운 빛과 생명을 가져다 주었다. 그전까지만 해도 나는 묵상이란 그리스도인들이 범접할 수 없는 불교의 관행인 줄 알았다. 하나님의 율법을 묵상하라는 구약기자들의 잦은 말을 미처 몰랐던 것이다. 묵상이란 성경본문이 내게 영향을 입혀 "감정에 불을 지피고"—얼마나 멋진 표현인가!—"이해를 깨우는" 과정이다. 그러기 위해서는 머리만 아니라 가슴이 함께 섞여야 한다! 이해와 감정의 세계가 하나로 만난다. 거기서 훨씬 진실하고 만족스런 신앙생활의 길이 열린다.

나는 또 **성경 이야기 속에 나 자신을 대입한다**는 주제를 파기 시작했다. 다시 말해 성경이 사건을 들려줄 때 내가 그 이야기 속으로 들어가는 것이다. 그전까지만 해도 나는 사건에 대한 사실적 지식만 파악하면 되는 줄 알았다. 예컨대 예수의 갈릴리 사역에 대한 본문을 읽을 때면 지도에서 갈릴리를 찾을 줄 알고, 그곳의 문화사를 이해하고, 그것이 예수의 전반적 사역 흐름에 어떻게 맞아들어 가는지 배우고, 사건의 연도를 밝히는 것이 중요한 줄 알았다.

그러나 그것은 정보 수집에 지나지 않았다. 내게 흥분이나 도전을 주지 못했다. 솔직히 말해 복음서를 읽는 것이 약간 따분해지기까지 했다. 그런 불행한 그리스도인들이 그때의 나 말고도 무수히 많을 것이다. 놀라운 감화를 줘야 할 성경말씀이 역사수업으로 전락한 것이다. 뭔가 문제가 있었다. 나 자신에게도 문제가 있었겠지만 내가 배워서 사용하고 있던 방법에도 분명 문제가 있었다.

여기서 밝혀 둘 것이 있다. 나는 성경의 전폭적 신빙성과 무오성을 받아들이는 데 조금도 어려움이 없었고 지금도 그렇다. 내 신앙은 예수 그리스도와 성경이라는 두 가지 흔들리지 않는 반석에 든든히 기초하고 있다. 문제는 내가 큰 전체 가운데 작은 일부만 보고 있었다는 것이다. 성경에는 내가 깨닫지 못한 부분이 많이 있었다. 내 성경 읽는 방식에 문제성이 있었다. 성경을 기껏해야 사실적 진술의 연속으로 생각했던 것이다.

그때 나는 예수의 생애와 죽음에 관한 복음서 기사를 대하는 다른 방식을 접했다. 오랜 세월 그리스도인들이 사용해 온 방식인데 다만 내가 몰랐던 것뿐이다. 연구 프로젝트와 관련해 색소니의 루돌프(Ludolf of Saxony)라는 중세 말의 작가를 공부하던 중 그의 글에 이런 접근이 아주 명확히 나와 있었다. 루돌프의 말에 따르면, 우리는 복음서에서 예수의 생애에 대한 기사를 읽을 때 이렇게 읽어야 한다.

거룩한 잉태의 순간 또 하나의 증인처럼 천사와 함께 그곳에 있으라. 당신을 위해 아기를 잉태한 처녀 마리아와 함께 기뻐하라. 충실한 보호자처럼 그분의 출생과 할례 장면에 요셉과 함께 있으라. 동방박사들과 함께 베들레헴에 가서 아기 왕께 경배하라. 성전에서 부모를 거들어 아기를 안고 바치라. 기적을 베푸시는 선한 목자를 사도들과 함께 따라가라. 복된 어머니와 요한과 함께 그분의 죽음의 자리에 있으라. 그분께 연민을 품고 그분과 함께 슬퍼하라. 경건한 호기심으로 그분의 몸을 만지며, 당신을 위해 죽으신 구주의 상처를 하나하나 더듬어 보라. 막달라 마리아와 함께 부활하신 그리스도를 찾으라. 그분을 찾기에 합당한 자로 여겨질 때까지 찾으라. 감람산에 제자들과 함께 선 것처럼 승천하시는 그분을 신기하게 바라보라.

말과 행동의 증인으로 나 자신이 그 자리에 있다고 생각해야 했다. 복음서 이야기가 새로운 흥분으로 읽히기 시작했다. 자신을 성경세계 속에 대입하려는 심리적 노력을 통해 사건의 내용이 한층 더 실감나게 다가왔다. 루돌프의 도움으로 나는 성경 이야기의 여러 중심 인물들 곁에 서서, 그들의 눈앞—그리고 내 눈앞—에 펼쳐지는 인간 구속의 드라마에 동참할 수 있었다.

이 작업을 통해 내 기도생활은 말할 수 없이 풍성해졌다. 단순히 개념 파악을 위해 성경을 읽던 것은 이제 끝났다. 나는 내 신앙의 기초가 된 역사적 사건들을 재현하고 있었다. 성경본문 묵상을 통해 나는 본문의 현장 속으로 들어갈 수 있었다. 루돌프는 자신의 접근의 일반원리를 이렇게 설명한다.

> 복음서 장면에서 열매를 거두려면, 주 예수 그리스도의 언행 앞에 직접 자리한 것처럼 모든 염려와 근심을 버린 채 생각과 감정과 애정과 기쁨을 다하여 자신을 드려야 한다. 이야기 내용을 내 눈과 귀로 직접 보고 듣는 것처럼 보고 들으라. 그 내용이야말로 그것을 간절히 상고하는 자에게 가장 달콤한 것이요 체험으로 맛보는 자에게는 더욱 그렇다. 비록 과거에 일어난 사건이지만 마치 지금 이 순간 벌어지고 있는 것처럼 묵상해야 한다. 그럴 때 정녕 더 달게 다가온다. 이미 있었던 일을 지금 일어나는 일처럼 읽으라. 과거의

행동을 현재인 양 내 눈앞에 가져다 놓으라.

"생각과 감정과 애정과 기쁨을 다해야" 한다는 루돌프의 말뜻을 정확히 알 것 같았다. 복음서 본문을 이렇게 묵상하자 예수의 성품과 나를 위해 하신 모든 일이 자연스럽게 피부로 생생히 느껴졌다. 그리고 그것은 당연히 기도로 이어졌다. **성경읽기가 성경묵상으로 이어졌고 그것은 다시 성경으로 드리는 기도가 됐다.** 이 순서가 성경을 통한 하나님과의 만남에 있어 내 틀과 목표가 되었다. 중세의 유명한 영성작가 귀고 2세(Guigo II)의 말을 나는 어느새 깨닫고 또 누리고 있었다.

묵상 없이 읽으면 황량하다.
읽지 않고 묵상하면 오류에 빠지기 쉽다.
묵상 없는 기도는 미지근하다.

이렇듯 성경과의 만남은 단순히 읽고 이해하는 차원을 훨씬 넘어섰다. 그것은 본문을 통해 내 삶의 모든 부분이 변화되는 것이었고, 그럴 때 나는 기도로 하나님께 나아갈 수 있었다.

여기서 내가 배운 것은 무엇인가? 아주 많다. 본서 특유의 접근도 그중 일부에서 온 것이다. 가장 중요한 것 세 가지는 이렇다.

1. 성경의 **이미지**를 대할 때는 잠시 멈춰 본문을 생각 속에 그림으로 그려 보는 것이 중요하다. 이미지의 현장 속으로 들어가야 한다. 자신을 이미지 속에 대입하여 그 일부가 됨으로써 그 부요함과 함축된 의미를 경험해야 한다.
2. 성경의 **이야기**를 대할 때는 그 속으로 들어가, 세상의 구주를 목격한 자들 곁에 나란히 서야 한다. 복음서 이야기를 마치 현 순간에 벌어지고 있는 일처럼 묵상할 필요가 있다.
3. 성경의 **개념**이나 **주제**를 대할 때는 이해하는 것만으로 부족하다. 무기력한 추상적 관념이 아니라 생생한 실체가 되도록 내 삶에 적용해야 한다. 기독교는 개념만이 아니라 영적 실체의 변화다.

셋째 요지를 좀더 밝혀 줄 예가 있다. 용서라는 간단한 개념을 생각해 보자. 누구나 용서를 이해할 수 있다. 그러나 그것으로 부족하다. **우리는 이 단어가 가리키는 실체를 경험할 필요가 있다.** 불행히도 그것이 가리키는 삶과 경험의 참 세계에 들어가지 않은 채 단어를 "이해했다"고 생각하기 쉽다. 용서란 내가 망가뜨린 정말 중요한 관계를 회복시켜 주는 것이다. 내게 전부와도 같은 것, 내 어리석음 때문에 영영 잃어버린 줄 알았던 그것을 회복하는 것이 용서다.

당신이 그 상황을 겪어 본 적이 있다면, 용서라는 말은 "내 삶의 변화"를 뜻할 것이다. 애초에 용서를 필요하게 만든 상황이 회상될 것이고 강력한 감정이 촉발될 것이다. 용서받을 일이 전혀 없었던 사람은 용서라는 단순한 단어의 온전한 경이와 기쁨과 부요함을 절대 모른다.

이 간단한 개괄로는 내 심중을 다 설명하기에 부족했을 것이다. 그러나 실천을 다루는 2부에 가면 분명해질 것이다.

일단 우리 생각은 다시 여정으로 돌아간다. 어떻게 여정에 임할 것인가? 사용할 수 있는 자원은 무엇인가? 지금부터 본서의 배후에 깔린 한 중심 주제를 살펴보고자 한다. 그것은 우리 앞서 다른 이들이 이 여정을 걸었다는 사실이다.

2. 여행지도

목적지와 경로를 모른 채 길을 떠난다는 것은 바보나 할 일이다. 한 지점에서 다른 지점으로 어떻게 옮겨 갈 것이냐의 문제는 인생의 가장 기본사항 가운데 하나다. 오래 전 여행자들은 애굽에서 기나안으로, 바벨론에서 예루살렘으로 가는 최고의 경로를 지도에 표시했다. 지도를 보며 여행자들은 갈 길이 얼마나 더 남았는지 따져 볼 수 있었다.

그렇다면 지도는 어떻게 생겨났을까? 한마디로 지도란 여행자들 경험의 산물이다. 과거에 여행했던 자들이 자신의 기억을 그림과 부호의 형태로 기록한 것이다. 지도는 여러 세대 길손들의 축적된 지혜를, 지금 동일한 길을 가려는 자들을 위해 모아 놓은 것이다.

따라서 지도를 들고 여행에 나선다는 것은 곧 과거의 지혜에 의

존하는 일이다. 선인들이 어렵게 얻어 낸 지식의 덕을 보는 것이다. 그들은 장차 자신들의 발자취를 따를 자들을 섬기기 위해 위험을 무릅쓰고 미지의 땅을 탐험했다. 지도의 선과 부호 뒤에는 무수한 개인의 사연이 숨어 있다. 지도 자체가 말해 줄 수 없는 사연들이다. 그러나 우리는 때로 그런 사연을 들을 필요가 있다. 여행을 감당하며 어렵게 얻어 낸 통찰들은 우리에게 격려와 감화와 도움을 줄 수 있다.

출애굽

세상에서 가장 위대한 여정 중 하나는, 애굽의 노예생활을 뒤로하고 약속의 땅으로 떠난 이스라엘 백성의 여정이다. 이것은 소망과 절망, 믿음과 회의가 뒤섞인 강력하고 극히 감동적인 이야기다. 이야기의 감화는 사건이 있은 지 4천 년이 지난 지금도 계속되고 있다.

애굽에서 약속의 땅 가나안으로 간 이스라엘의 여정을 지도로 그리기는 쉽다. 지도에는 홍해, 사막, 산, 강 등 이스라엘이 부딪친 물리적 장애물들이 잘 나타난다.

그러나 지도에 나타나지 않는 것이 있다. 물리적 여정과 함께 병행된 더 깊은 차원의 여정이다. 이스라엘이 한 일은 애굽에서 가나안으로 이동한 것 이상이다. 그들은 하나님의 백성으로서 자신의 정체와 거기 수반되는 책임을 터득해야 했다.

그런 지도를 그리는 것이 가능하다면 거기에는 깊은 차원의 여정이 나타날 것이다. 물리적 장애물에 영적 장애물이 더해질 것이다. 하나님의 사랑과 돌보심을 의심하는 것, 유혹에 굴하는 것, 하나님이 주시려는 것을 저버리고 저차원적 목표에 안주하는 것 따위가 모두 영적 장애물이다. 우리도 신앙여정에서 여전히 그런 장애물에 부딪친다.

성경의 출애굽 기사를 우리는 여러 방식으로 읽을 수 있다. 과거의 위대한 사건에 대한 기사로 읽을 수 있다. 기록된 사건이 실제 있었으며 이스라엘 백성의 정체를 확립해 주었다는 점에는 의심의 여지가 없다. 유대인들은 지금도 유월절이면 출애굽 사건을 이야기한다. 그것은 곧 이스라엘의 기원과 세상을 향해 하나님이 주신 사명을 기억하는 일이다.

그러나 그것이 이야기를 읽는 유일한 방법은 아니다. 일단 출애굽 이야기를 다음 의미로 보기 시작하면 점점 더 깊은 의미와 힘을 띠면서 우리 상황을 비춰 준다.

출애굽은 우리의 이야기다.

우리는 저마다 갈 길이 있다. 나만의 애굽에서 약속의 땅으로 가야 한다. 우리는 그 길에 나서고자 뭔가를 뒤로했다. 새 출발을 위해 이전의 삶을 떨쳐야 했다. 우리는 애굽에 있었다. 우리는 굴레에서 해방됐다. 우리는 광야에 있다. 약속의 땅으로 가는 중이다. 출애굽 이야기에는 내가 들어 있다. 내 이야기인 까닭이다. 이렇듯 우리는 그것이 내 이야기임을 알고 그 사건 속으로 들어갈 수 있다. 나는 거기 속하고 그것은 내게 속한다. 그 모두는 구속사(救贖史)의 일부요 우리는 그중의 한 부분이다.

본서는 출애굽 여정을 틀로 삼아 나만의 신앙순례의 의미를 찾아보자는 초청이다. 그러나 그것은 혼자 가는 길이 아니다. 그래서도 안된다. 하나님은 은혜로 우리에게 과거와 현재의 길동무들을 주시며, 그들을 통해 우리로 당신 뜻을 이루게 하신다.

기억과 기대

상상해 보라.

당신은 길을 가고 있다. 길은 앞뒤로 끝없이 뻗어 멀리 지평선 너머로 사라진다. 멀고 외로운 길을 가다 보면, 지평선 저편에 무엇이 있을지 자못 궁금해진다. 바로 이 생각이 기독교 영성의 한 가지 위대한 주제로 이어진다. **기억**(remembering)과 **기대**(anticipating)다. 이런 생각 덕에 우리는 여정을 지속할 수 있다.

앞서 우리는 애굽에서의 해방과 그것이 하나님 백성에게 지니는 중요한 역할에 대해 이야기했다. 그것은 그들에게 영적 방향감각을 가져다 주었다. 길가는 동안 이스라엘은 구원을 되돌아보며 안심했고 장차 약속의 땅에 들어갈 날을 내다보며 기대에 부풀었다.

애굽에서 약속의 땅으로 가는 출애굽 노정은 중간에 광야를 거치게 돼 있었다. 광야 방랑기간은 준비의 시간이었다. 그 기간을 통해 이스라엘은 자신을 사랑하사 부르시고 구원하신 하나님에 대해, 그리고 자신에 대해 더 깊이 알 수 있었다. 광야를 헤매던 긴긴 세월은 이스라엘에게 결코 쉽지 않았다. 회의와 반역과 불안의 시기도 있었다. 그러나 그것은 헌신과 정화의 시기이기도 했다. 그 시기를 통해 이스라엘은 하나님의 한 백성으로서 자신의 정체를 깨닫고, 주께서 자신들을 존재케 하신 이유를 깨우칠 수 있었다.

광야를 방황하는 동안 하나님은 계속 이스라엘에게 뒤를 돌아보고 앞을 내다볼 것을 명하셨다. 과거를 **돌아보며** 그들은 애굽의 노예 시절과 모세를 통한 영광스런 해방을 떠올렸다. 또한 그들은 마침내 약속의 땅에 들어갈 날을 **내다봤다**. 하수고대하던 기나긴 여정의 목표였다. 이렇듯 과거 사건에 대한 기억과 미래 사건에 대한 희망이 현재를 붙들어 주었다.

기억과 기대의 주제는 구약의 출애굽 이해에 중추적 역할을 한다. 하나님은 계속 이스라엘에게 애굽의 나그네 생활과 그 이후 하나님이 그들에게 행하신 모든 일을 기억하게 하셨다(시 135:5-14; 136:1-26).

주전 6세기 예루살렘 거민이 바벨론에 포로로 잡혀갔을 때도 비슷한 주제가 나온다. 잘 알려진 시편 137편 말씀에 고국을 그리는 포로들의 향수가 배어 있다.

> 우리가 바벨론의 여러 강변 거기 앉아서
> 시온을 기억하며 울었도다.

본향으로 돌아간다는 생각에 포로들은 길고 혹독한 유배의 시절을 견뎌 낼 수 있었다. 오늘 우리도 마찬가지다. 죄 때문에 본향과 끊어진 우리 역시 천국에 돌아갈 날을 간절히 고대하는 이 땅의 유배자들이다.

이렇듯 그리스도인의 삶은 과거와 미래 사이에 끼여 있다. 한편의 **기억**과 또 한편의 **기대**가 신앙여정을 붙들어 준다. 이스라엘은 애굽에서의 해방을 돌아보며, 자신들을 존재케 하신 하나님의 신실하심을 기억했다. 또한 그들은 마침내 젖과 꿀이 흐르는 땅에 들어갈 날을 희망에 부풀어 내다봤다. 이스라엘이 광야를 헤매며 회의에 빠질 때마다 그 둘이 닻이 되어 믿음을 지켜 주었다.

우리는 과거와 미래의 가장 절묘한 교차로인 현재에 처해 있다. 이렇게 과거와 미래에 끼여 살아간다는 것은 쉬운 일이 아니다. 그것은 마치 안전한 한쪽 그네를 놓고 공중으로 날아가 반대쪽 그네를 붙들어야 하는 그네타기 곡예사와 같다. 양쪽 그네에는 안전이 있다. 그러나 한순간 곡예사는 어느 쪽도 붙잡고 있지 않다. 안전과 안전 사이에 믿음의 행위로 자신을 맡기는 것이다. 그리스도인의 지상생활도 그 공중의 순간과 같다. 불확실하고 위험한 순간은, 우리가 반대쪽에 닿아 그네를 놓치지 않게 꽉 붙잡을 때에야 비로소 막을 내린다.

그래서 그리스도인은 기억하고 기대해야 한다. 과거와 미래는 현재의 신앙생활 속에 파고들어, 마치 산자락이 양쪽에서 심산유곡을 에워싸듯 현재를 감싸안는다. 과거를 보며 우리는 하나님이 예수그리스도의 십자가와 부활을 통해 나를 죄와 사망과 절망에서 건지신 놀라운 구속 사건을 기억한다. 미래를 보며 우리는 마침내 새 예루살렘에 들어가 영원히 하나님과 함께하며 그분의 거룩하고 자상하신 깊은 사랑의 임재에 흠뻑 취할 날을 기대한다.

그렇다면 이것은 신앙여정을 걷는 우리에게 어떤 도움이 될 것인가? 이 주제를 우리 상황에 어떻게 적용할 수 있을까?

당신이 전쟁포로였다고 상상해 보라. 오랜 세월 이역만리에서 사랑하는 이들과 떨어져 지냈으니 그들이 얼마나 보고 싶겠는가. 전쟁이 끝나고 당신은 풀려 났다. 이제 집에 갈 수 있다! 사랑하는 이들이 몸 성히 살아서 당신을 기다리고 있다는 소식이 들려온다. 세월이 흘러 다들 어떻게 변했을까 궁금해진다. 어서 재회하고 싶어 견딜 수 없다.

그러나 기다려야 한다. 교통편이 부족해 당신은 집까지 걸어가야 한다. 먼 길이다. 마치 예루살렘 거민들이 오랜 세월 바벨론에서 포로로 지내다 고국으로 귀환하는 길과 같다. 당신은 약속의 땅에 도달할 마음이야 간절하지만 여정 자체에는 별로 기대감이 없다.

길고 고된 여정을 감당하는 데 도움되는 것이 두 가지 있다.

첫째, **뒤에 두고 떠나는 것을 생각하라**. 포로생활, 처참한 대우, 고통과 절망. 생각하면 할수록 어서 떠나고 싶은 마음뿐이리라.

둘째, **앞에 있는 것을 생각하라**. 낯익은 옛집의 계단을 오르는 자신을 떠올려 보라. 곧 문간에 이른다. 문이 활짝 열리고, 꿈에 그리던 얼굴들이 감격에 겨워 당신을 맞이한다. 옛 친구들을 만나고, 친숙했던 곳들을 다시 찾고, 푸근한 가족의 품 안에 안기는 사이 귀향의 환희가 새록새록 느껴진다.

이제 우리는 기독교 영성의 기초가 되는 묵상의 틀을 이렇게 요약할 수 있다.

- 하나님이 과거에 행하신 모든 일을 **기억한다**.
- 하나님이 미래에 행하시기로 약속하신 모든 일을 **기대한다**.
- 현재 내 신앙과 삶의 질을 높이기로 **다짐한다**.

이렇듯 현재란, 하나님이 이미 행하신 일을 감사로 기억하고 장차 행하실 일을 확신에 찬 기대로 내다보는 순간이다. 그런 시각이 있을 때 우리는 새 힘과 확신과 추진력을 얻어, 최선을 다해 신앙의 질을 높이려는 새로운 각오로 미래를 맞이할 수 있다.

그러나 여기서 생각해야 할 여행의 또 다른 측면이 있다. 이것은 혼자 가는 길이 아니다. 그렇다면 다른 이들이 어떤 도움이 될 수 있을까? 다음 장에서 살펴보기로 하자.

3. 신앙여정의 히치하이크

여정은 길고 고단하다. 최종 목표는 약속의 땅에 들어가는 것이다. 이보다 감격스런 일이 있을 수 있을까?

그러나 길가다 여행의 피로를 겪지 않은 사람은 거의 없다. 이정표마다 눈물과 땀이 서려 있다. 길이 끝없어 보일 때도 있고 무의미해 보일 때도 있다. 길가에 맥없이 앉아, 어쩌자고 애당초 이 길을 떠났던가 한숨지을 순간들도 있다. 길고 고독한 길이다. 내 슬픔을 들어주고 위로해 줄 이가 노상에 아무도 없다.

누구나 이따금씩 드는 생각이다. 그러나 그 곁에 나란히 두어야 할 생각이 또 하나 있다. **나보다 앞서 같은 길을 간 사람들이 있다.** 그렇게 생각하면 여정을 보는 시각이 달라진다. 그들은 여정의 기복을 직접 경험했다. 길가다 만난 피로와 냉소와 노골적 고집에 대처하는 법을 터득했다. 이정표마다 그들의 눈물로 얼룩져 있다. 그들 중 일부는 뒤따라오는 자들에게 자신의 경험과 통찰을 전수했다. 우리는 혼자가 아니다. 어렵게 전진하는 우리는 응원과 조언을 외치는 구름같이 허다한 증인에 둘러싸여 있다(히 12:1-2).

그렇다면 이 지혜—지난날의 신앙 선진들의 산돌(living-stone)에서 채석돼 신앙여정의 시험을 통과한 지혜—를 가장 잘 활용할 수 있는 길은 무엇일까?

한 가지 답은 히치하이크(hitch-hike)다. 곧 이 일에 나보다 훨씬 뛰어난 자들과 동승하는 것이다. 신앙여정에서 우리가 누릴 수 있는 자원들을 잘 보여주는 이 유익한 이미지를 지금부터 잠깐 살펴보고자 한다.

히치하이커

1960년대와 1970년대 대중문화의 가장 오래 남는 상징 가운데 하나는 더글러스 아담스의 「히치하이커의 은하수 가이드」(*The Hitchhiker's Guide to Galaxy*) 같은 책제목에 나타난 "히치하이커"다. 히치하이커란 친절한 트럭 운전사들의 차에 편승해 세상을 떠돌던 자요, 천하에 시름거리가 없던 자였다. 이것은 기독교 영성에 극히 유익한 이미지로, 길가는 우리가 혼자일 필요가 없으며 내 자원만 의지할 필요가 없음을 일깨워 준다. 다른 대안이 열려 있다.

우리는 타인의 차에 올라탈 수 있다.

히치하이크란 무료로 동승해 함께 여행하는 것이다. 동승이 끝날 즈음이면 처음보다 노정이 많이 앞서 있다. 그간 동행과 즐거운 시간도 보냈다. 히치하이크를 하면 목적지에 더 가까워지기도 하지만 사람과 인생을 더 배운다. 내리기 전까지 잠시 동안 함께 가는 사이 다른 동행자들의 지혜도 배운다. 내리면 잠시 길가에서 쉬고 생각하는 시간을 가진 후에 다시 다른 사람과의 히치하이크에 나선다.

이 이미지는 기독교 신앙을 더 깊이 이해하려는 내게 큰 도움이 됐다. 솔직히 나는 기도와 개인묵상이 부족하다. 그것이 중요한 줄 알면서도 왠지 잘되는 것 같지 않다. 이 부분에 있어 내게 큰 도움이 필요함을 인정한다. 다행히 기독교 신앙의 위대한 주제 중 하나는, 누구도 혼자 여행할 필요가 없다는 것이다. 그리스도인의 삶이라는 길에 나 혼자만 올라선 것도 아니요 내가 맨 먼저 지나는 자도 아니다. 하나님은 우리를 돕고 붙들어 줄 수 있는 자들을 은혜로 주신다. 우리는 새 예루살렘 노정에서 그들에게 동승하여 힘을 얻을 수 있다.

우리는 다 자신의 한계를 인정해야 한다. 나는 모차르트처럼 작곡할 수 없다. 실은 모차르트 음악을 연주할 줄도 모른다. 그러나 다른 사람이 모차르트 음악을 연주하는 것을 들으면 힘과 감동을 얻는다. 남들이 내가 못하는 일을 함으로 내 삶을 고상하게 해준다. 나는 렘브란트처럼 그릴 수 없다. 사실 내 방문의 페인트칠만으로도 나는 고생한다. 그러나 렘브란트의 그림은 내게 깊은 감화와 감동을 주며, 인생과 역사의 의미를 더 깊이 사색하게 해준다. 내가 쩔쩔매는 일에 훨씬 능한 사람들이 있다. 나는 그들로부터 배울 수 있다.

마찬가지로 나는 기도를 잘 못한다. 그러나 어거스틴이나 루터 같은 이의 기도를 읽으면 그 내용이 내게 깊은 감동으로 다가온다. 그들의 도움으로 나는 일어설 수 있다. 사실 "그리스도의 몸"이란 바로 그것이 아니던가. 몸의 지체마다 자기만의 독특한 역할이 있다. 모든 일에 다 뛰어난 사람은 없다. 그러나 하나님의 선하신 은혜로 말미암아, 내가 못하는 일을 도와줄 수 있는 사람들이 주변에 있다. 그들은 우리를 돕기 위해 있다. 인생길을 걷는 동안 우리는 마땅히 그들을 활용해야 한다.

과거의 위대한 영성작가와 사상가들과 히치하이크를 하다 보면 교훈과 힘을 얻는다. 그들 역시 동일한 신앙여정에 올랐었기 때문이다. 먼 옛날 사람들도 있다. 그들의 글을 읽고 묵상하며 우리는 그들과 함께 걷고 그 지혜에 동화할 수 있다. 그들도 나와 똑같은 신앙여정을 택했다는 사실이 큰 위안을 주기도 한다. 그들이 터득한 사상은 기독교 신앙의 풍부한 자원과 영적 생활의 현실과의, 평생에 걸친 씨름에서 나온 것이다. 그 수고의 유익을 누려야 한다. 우리는 그들과 함께 걸으며 평생의 지혜를 흡수할 수 있다. 헤어질 순간이 오면 우리는 안다. 그동안 우리가 그들의 생각과 모본에서 배웠을 뿐 아니라 그들의 동행이 우리에게 힘과 위안을 주었음을 말이다.

그러므로 본서는 여정에 관한 책이다. 그러나 이것은 나 혼자 가야 할 길이 아니다. 우리 앞서 다른 이들이 그 길을 갔으며, 우리가 잘 따를 수 있도록 격려와 인도를 남겨 두었다. 이를테면 그들은 자신의 경험과 통찰을 바탕으로 우리의 길잡이로 쓰일 지도를 그려 둔 셈이다. 이 기본개념은 너무 중요하기 때문에 다른 이미지를 사용해 더 깊이 살펴볼 필요가 있다. 히치하이커 이미지를 생각해 보았으니 이제 좀더 오래되고 덜 친숙한 항해일지의 이미지로 넘어가 보자.

항해일지

16세기는 유례없는 탐험 시대였다. 1492년 남북 아메리카 발견을 필두로, 많은 유럽 국가들이 발견된 세계 탐험에 나서 미지의 곳곳에 새 항로를 열었다. 아시아 항로가 발견되고 꼼꼼히 기록되면서 세계 항로의 비밀이 차츰 벗겨지기 시작했다. 포르투갈 항해사들은 마젤란 해협과 희망봉의 신비를 파헤치고 풍요로운 아시아 시장으로 가는 새 무역로를 개척했다. 이런 항해를 발견한 선장들은 스페인, 포르투갈, 영국의 국가적 영웅이 되었다.

그러나 이런 항해 발견에는 막대한 희생이 뒤따랐다. 신세계 정복을 꿈꾸던 수많은 사람들이 해상에서 목숨을 잃었다. 돌아온 이들은 항로의 비밀을 터득해 그것을 항해일지라는 조그만 공책에 기록했다. 항해일지는 세계 항로의 비밀을 푸는 열쇠이자 살아서 귀환하기 원하는 선장의 최대 희망이었다.

항해일지란 한마디로 항해사가 항해 과정을 상세히 기록한 공책이다. 다른 배들은 그 길만 따라가면 안전했다. 공책에는 목적지 도달과 귀국 경위가 정확히 적혀 있다. 살아 돌아온 경험자가 자신이 목격한 내용과 도달 경위를 남에게 전수한 항해일지는, 상세한 항해기록이 들어 있다는 점에서 그 가치는 이루 헤아릴 수 없었다. 항해일지에는 항해사가 배를 조종한 방향과 날수 그리고 도중에 만난 지형이 적혀 있다. 위험한 모래톱의 위치, 갑(岬)을 비롯한 지형지물의 방향, 해협의 깊이, 안전한 항구의 위치 등이 꼼꼼히 기록돼 있다. 그들은 이미 신천지에 가 그곳의 부를 손에 넣은 자들이었다. 항해일지만 손에 넣으면 누구나 그 자취를 그대로 밟을 수 있었다.

스페인과 포르투갈이 아시아와 유럽을 잇는 무역로의 항해일지를 기밀 취급한 것도 이해가 된다. 아예 암호로 기록된 것도 있고 작성자만 알아볼 수 있게 일부러 오기(誤記)를 섞은 것도 있다. 비밀에 접근이 허락되지 않은 자들은 딴 길로 갈 수밖에 없었다. 그런 일지만 믿고 신세계를 꿈꾸다가 숨은 암초에 걸려 파선한 자들도 있다. 그러나 믿을 만한 항해일지는 지평선 너머 비밀의 땅으로 가는 안전 항해의 열쇠였다.

이렇듯 항해일지는 작성자의 전문성과 직접적 경험이 어우러진 유력한 도구였다. 일지의 목표는 전 세계 오대양 항로를 전부 표시하는 것이 아니라, 다만 안전하게 여행할 수 있는 특정 항로를 확실히 알리는 것이었다. 선인들은 이미 다녀온 길에 대해 힘들여 터득한 지식을 전수했고, 후인들은 그 사실을 알고 일지의 지시에 따랐다. 가야 할 뱃길은 멀고 험하다. 그러나 누군가 나보다 앞서 뱃길을 성공리에 마쳤고, 그리하여 자신의 성공 경위를 자세히 기록해 전수했다는 사실을 아는 것만으로도 그것은 항해에 엄청난 도움이 된다. 그런 면에서 항해일지는 지도 이상이다. 남들도 따를 수 있도록 지리에 개인적 경험을 곁들여 여행 과정을 설명해 놓은 책이다.

물리적 항해일지는 암초와 기타 위험물을 표시해 주고 안전한 항구며 식량과 물의 소재지를 알려 준다. 마찬가지로 영적 항해일지는 우리에게 신앙 노정에서 부딪칠 수 있는 굵직한 난관들을 일러주며, 선인들이 터득한 전략들을 잘 활용할 수 있게 해준다. 그것은 또 우리로 하여금 영적 새 힘과 안전을 얻게 해주며 목적지에 최종 도달하는 비전을 품게 해준다.

여기서 더 나가기 전 한 가지 밝혀 둘 것이 있다. 그리스도인이 된다는 것은 다른 그리스도인들의 생각과 행위를 그저 흉내내는 것이 절대 아니다. 신앙생활은 사람마다 독창적이며, 각 신자의 독특한 정체에 기초한다. 모든 항해일지는 각 항해사의 독특한 개인 경험에서 나온 것이다. 우리는 앞서 간 이들로부터 많은 것을 배울 수 있으나 결국 자신이 그리스도인의 삶에 직접 뛰어들어야 한다. 남들이 어떻게 생각하고 행동했는지 책만 읽고 있어서는 안된다. 우리는 그들의 통찰을 내 삶의 렌즈로 여과할 수 있다. 그럴 때 그 통찰은 나만의 신앙여정 위에서 초점을 찾게 된다.

무슨 대행자처럼 그 길을 내 대신 가줄 수 있는 사람은 없다. 신앙생활에 대리자란 없다. 앞서 간 이들의 격려와 깨우침을 받으며 내가 직접 가야 한다. 남들의 지혜를 소화하여 내 것으로 삼는 것은 내 책임이다. 그러니 이제 상상 속에서 길떠날 준비를 하자. 앞에 놓인 먼 여정의 의미가 느껴지도록 심리적 그림을 그려 보자. 우리는 이해와 상상과 감정을 동원해야 한다. 그래야 복음의 경이를 충분히 깨닫고 그 힘과 양분으로 여행을 지속할 수 있다.

우리는 곳곳의 영적 지형지물, 길가다 만날 장애물, 쉬어 갈 수 있는 안전한 항구, 식량과 물의 소재지, 그리고 무엇보다 우리의 목표인 최종 목적지를 마음속에 그릴 수 있어야 한다. 앞서 간 이들의 항해일지에 힘입으려는 것이 본서의 취지다. 그들은 우리의 합류를 간절히 기대하며 기다리고 있다.

2부 광야

본서의 틀은 출애굽이다. 그 틀로 우리는 그리스도인 삶의 의미를 파악한다. 내 삶의 현실도 그 틀로 이해하고 신앙생활의 질을 향상시키기 위해 내가 할 수 있는 일도 그 틀로 이해한다. 그 향상에는 두 가지 요소가 있다.

첫째, 신앙생활의 객관적 측면이다. 즉 하나님과의 관계다. 하나님께 대한 내 헌신을 깊어지게 하고 그분이 내게 원하시는 인격과 삶을 더 잘 깨닫기 위해 내가 할 수 있는 일은 무엇인가?

둘째, 신앙생활의 주관적 측면이다. 즉 내 믿음의 행보를 경험하는 방식이다. 하나님께 대한 내 경험의 질을 높여 주고 그분과의 동행을 뜨겁게 사모하기 위해 내가 할 수 있는 일은 무엇인가? 하나님을 향한 사랑이 깊어지고 그분이 그리스도 안에서 내게 행하신 일을 더욱 절감하려면 내 감정을 어떻게 해야 하나?

앞서 본 것처럼 출애굽 이야기는 그저 과거의 사건이 아니다. 오늘 내게 아무 영향도 주지 못하는 고대 역사가 아니다. 그것은 하나님 백성의 살아있는 역사의 일부이며, 그 체험은 오늘 나를 끌어안는다. 이스라엘 백성을 애굽 땅에서 광야를 거쳐 약속의 땅에 데려다 놓은 출애굽은 오늘 우리에게도 길잡이와 격려가 될 수 있다. 우리도 굴레에서 자유로이 여행중이며 마침내 우리를 기다리는 약속의 유업에 들어갈 것이다.

이 여정을 네 구간으로 나눌 수 있다. 구간이 진행될수록 우리 신앙여정은 그만큼 목적지에 가까워진다. 각 구간은 세 가지 중심 주제에 대한 묵상으로 이루어진다.

1. **이정표**. 여행의 전체 윤곽을 잡아 준다. 현재 통과중인 지점을 이해하고 인생길에 방향을 잡도록 해준다.
2. **광야**. 길이 험해져 고갈과 탈진과 낙심을 느끼는 때다. 우리는 이런 감정을 타개해 나갈 필요가 있다. 그럴 때 우리는 더 강한 자로 나온다. 광야를 감당하고 여정을 지속하려면 격려가 필요하다.
3. **오아시스**. 지친 영혼에 새 활력을 불어넣어 주는 지점이다. 여기서 우리는 새 힘과 소생을 맛본다. 다음 구간의 여행을 위해 자원을 재충전할 수 있다.

여정을 지속하는 동안 이 셋이 우리 묵상의 틀이 되어 줄 것이다. 우리는 내 현 위치와 목적지, 예상되는 난관, 거기에 대처하도록 내게 주어진 자원을 알아야 한다. 그리고 이해, 의지, 감정 등 하나님이 주신 모든 기능을 동원해 닥쳐오는 도전에 맞서야 한다.

그럼 지금부터 여정의 첫째 구간을 준비하기로 하자.

첫째 여정

 애굽을 나올 때 이스라엘은 믿음이 강했다. 하나님은 표적과 기사로 그들을 속박의 땅에서 끌어내셨다. 그분의 능력이나 임재를 의심할 이유가 전혀 없었다. 낮에는 구름기둥과 밤에는 불기둥이 이스라엘을 인도했다. 하나님을 믿고 의지하기가 쉬웠다. 어디까지나 하나님은 이스라엘을 종살이에서 해방시키셨고 머잖아 젖과 꿀이 흐르는 약속의 땅으로 이끌어 들이실 참이었다.

그러나 애굽이 저만치 물러가자 광야의 혹독한 현실이 고개를 쳐들었다. 애굽은 추억일 뿐이었다. 약속의 땅은 아직 멀었다. 현재를 지배하는 것은 사람 살 곳이 못되는 황량한 광야의 냉혹한 현실이었다.

약속의 땅으로 가는 다른 길은 없었다. 신약이 밝히 보여주듯, 고난 없는 영광은 없고 십자가 없는 부활도 없다. 새 예루살렘에 들어가는 값싼 길은 없다. 약속의 땅에 들어가는 즉효약은 없다. 걸어야 한다. 희망 중에 여정을 지속해야 한다.

이렇게 걷는 우리에게 어떤 묵상이 길동무가 되어 줄 수 있을까? 첫째 이정표로 가보자.

1. 창조의 이정표

기독교 신앙의 위대한 이정표 가운데 하나는, 우리가 알고 사랑하는 하나님이 세상의 창조주라는 사실이다. 그러나 우리는 이것을 그저 개념으로만 받아들일 때가 너무 많다. 사실 그것은 우리 개개인의 신앙여정에 이정표가 되어, 머리뿐 아니라 가슴에 영향을 미쳐야 한다. 우리의 의식과 삶을 바꿔 놓아야 한다. 지금부터 그렇게 해보자. 우선 그것이 먼 옛날 먼 나라의 지치고 낙담한 사람들의 시각을 어떻게 바꿔 놓았는지 살펴보자.

주전 6세기에 많은 예루살렘 거민은 바벨론에서 포로생활을 하고 있었다. 그들은 고국으로 돌아가고 싶었다. 그러나 고민이 있었다. 하나님이 자기들을 잊으셨거나 능력이 딸려 구원하시지 못한다는 생각이었다. 그렇게 불안해하는 그들에게 하나님은 이런 말씀을 주셨다(사 40:26-29).

> 너는 눈을 높이 들어 누가 이 모든 것을 창조하였나 보라. 주께서는 수효대로 만상을 이끌어 내시고 각각 그 이름을 부르시나니 그의 권세가 크고 그의 능력이 강하므로 하나도 빠짐이 없느니라. 야곱아, 네가 어찌하여 말하며 이스라엘아, 네가 어찌하여 이르기를 내 사정은 여호와께 숨겨졌으며 원통한 것은 내 하나님에게서 수리하심을 받지 못한다 하느냐.

아주 중요한 말씀이다. 창조교리가 인간의 상황과 어떻게 직결되는지 잘 보라. 길가다 보면 하나님이 내 사정을 아시는지, 내게 관심이 있는지 자연히 의심될 때가 있다. 여기 창조교리가 확신의 이정표로 등장한다. 우리는 잠시 멈춰 다음 몇몇 요지를 좀더 자세히 생각해 볼 필요가 있다. 각 요지를 곰곰 음미하며 그 영향에 자신을 맡기라.

첫째, 하늘의 만상에 대한 언급에 주목하라. 요지는 별 하나하나를 하나님이 지으셨다는 것이다. 별마다 하나님이 이름을 부르실 정도로 특별하다. 그분은 단 하나도 잊거나 그냥 지나치시지 않는다. 하나님은 자신이 지으신 모든 것을 돌보신다. 창조교리는 우리에게 그 사실을 일깨운다. 그런데 인간은 하나님의 창조의 절정이 아니던가! 우리는 천사보다 조금 못하게 지어졌다(시 8편). 하나님께서 다른 피조물들을 이렇게 돌보신다면 우리는 얼마다 더 돌보시겠는가! 창조는 하나님이 존재케 하신 것들에 대한 그분의 사랑과 관심을 확증해 준다.

이제 이 통찰을 적용하라. 생각만 할 것이 아니라 적용해야 한다. 이것 때문에 달라질 것은 무엇인가? 그것은 내 여정의 걸음을 재촉하는 데 어떤 도움이 되는가? 한 가지 적용 방법이 여기 있다.

주변을 둘러보라.

무엇이 보이는가? 보이는 모든 것을 하나님이 지으셨다. 당신을 부르신 하나님은 당신이 통과중인 이 세상을 지으신 하나님이시다. 그분은 세상 무엇보다 크신 분이 아니던가? 만물을 지으신 분이라면 그분과 함께 있고자 길가는 당신으로 하여금 능히 만물을 헤쳐 나가게 하시지 않겠는가? 창조교리는 이렇듯 흔들리지 않는 확신을 준다.

우리가 어렸을 때 즐겨 부르던 어린이 찬송이 있다.

땅과 달과 하늘과
바다를 지으신 분
빛을 만드신 하나님
나를 돌봐 주시네.

아주 단순한 찬송이지만 놀라운 통찰이 들어 있다. 보이는 만물과 그 밖의 모든 것을 지으신 하나님이 우리를 돌보신다는 사실이다. **우리는 그분께 중요한 존재다.**

둘째, 창조는 우리에게 하나님의 위엄과 능력을 일깨운다. 우리가 알고 사랑하는 하나님은 만물을 존재케 하신 하나님이다. 세상을 지나는 동안 우리는 세상을 인격적 하나님의 인격적 작품으로 볼 수 있다. 세상의 모습 속에 그분의 지혜와 능력과 사랑이 배어 있다. 먼 옛날 바벨론에 잡혀 간 예루살렘 백성에게 이것은 가슴 떨리는 깨달음이었다. 왜 그런가?

그들의 상황 속에 들어가 보자. 그들의 운명에 처해 그 슬픔과 기막힘을 느껴 보자. 막강한 제국이 새로 일어나 하나님의 백성을 삼켜 버렸다. 여기가 끝일까? 이렇게 되도록 하나님은 어디 계시는가? 많은 이들에게 하나님이 현실과 동떨어진 듯, 사건이 제멋대로 돌아가는 듯 보였을 것이다.

이럴 때 창조교리는 어떻게 소용될까? 이런 막막한 상황에 주는 메시지는 무엇일까? 이사야 40:6-8에 답이 있다. 세상 제국들은 오고가지만 하나님은 영원히 거하신다. 세계 열강의 흥망성쇠가 하나님의 영원성과 대비된다.

모든 육체는 풀이요 그 모든 아름다움은 들의 꽃 같으니 풀은 마르고 꽃은 시듦은 여호와의 기운이 그 위에 붊이라. 이 백성은 실로 풀이로다. 풀은 마르고 꽃은 시드나 우리 하나님의 말씀은 영영히 서리라.

이 말씀은 우리 인생여정에 수없이 겪는 회의와 난관을 새로운 눈으로 보게 해준다. 아무리 억센 피조물도 세상을 지으신 하나님보다 오래갈 수 없다.

주변을 둘러보라. 앗수르 제국이 어디 있는가? 바벨론과 로마제국이 어디 있으며 대영제국과 소련이 어디 있는가? 이 모든 강대국은 들의 꽃 같았다. 당대에는 화려하고 당당했다. 자기네 제국이 영원할 줄 알았을지도 모른다. 그러나 그들은 뙤약볕 밑의 풀처럼 시들었다. 하나님만이 영원히 거하신다. 그분이 자기를 믿는 자들을 붙드시고 지키신다.

이제 이 이정표에서 더 배워야 할 것은 무엇일까? 우리 여정의 첫 번째 히치하이크에 나서보자.

히치하이크: 조나단 에드워즈와 함께

조나단 에드워즈(Jonathan Edwards)는 1703년 10월 5일 코네티컷 주 이스트윈저에서 태어났다. 1716년 9월 에드워즈는 뉴헤이븐에 있는 예일대학에 들어갔다. 후에 1724년부터 1726년까지 그가 강사로 일한 곳이기도 하다. 17세 무렵 에드워즈는 회심을 경험했다. 디모데전서 1:17을 읽다가 그는 하나님의 크심과 영광을 느끼며 압도됐다. 나중에 그는 일기에 이렇게 썼다. "말씀을 읽는데 내 영혼에 하나님의 영광이 느껴졌다. 아니, 영혼이 온통 그 영광에 휩싸였다. 여태까지 한번도 느껴 보지 못한 전혀 새로운 느낌이었다."

1726년 에드워즈는 예일대 직분을 사임하고 매사추세츠 주 노스앰턴이라는 작은 마을에서 목사가 됐다. 1734-1735년 겨울에 그곳에서 부흥이 시작됐다. 북미 기독교에 지대한 영향을 미친 이른바 '대각성 운동'(Great Awakening)이었다. 에드워즈는 후에 스탁브리지의 한 교회로 이사해 사역하면서, 비교적 목회 일이 적어 굵직한 신학서적 연작을 저술할 수 있었다. 이 책들은 지금도 널리 읽히며 가치를 인정받고 있다. 학자로 명성을 떨친 그는 1757년 프린스턴 뉴저지 대학(지금의 프린스턴 대학교) 학장으로 추대됐다. 그러나 천연두 접종이 부작용을 일으켜, 그는 1758년 3월 22일 프린스턴에서 타계해 인근 묘지에 안장됐다.

에드워즈는 놀랍도록 생동감 있고 힘찬 저자로, 그의 책들은 지금도 그리스도인들에게 자극과 격려가 되고 있다. 그렇다면 우리의 길동무 에드워즈는 우리가 자기한테서 무엇을 얻기를 바랄까?

에드워즈의 최고 역작 중 하나는 '그리스도인 순례자'(The Christian Pilgrim)라는 설교다. 이 설교에서 에드워즈는 신앙여정을 걷는 자들의 바른 세계관을 언급한다. 세상을 지나는 우리는 세상에 대해 어떤 태도를 가져야 할까?

세상은 하나님의 피조물이기에 우리는 그것을 악하다고 외면할 수 없다. 하지만 세상은 하나님이 아니기 때문에 우리 여정의 최종 목표의 참된 영광에 미치지 못한다. 에드워즈는 우리의 최종 목표가 하나님이며 하나님 외에는 아무것도 우리에게 만족을 줄 능력이나 경배받을 권리가 없음을 일깨운다. 이와 관련해 에드워즈는 "하나님은 이성을 지닌 피조물의 최고선(善)이며, 그분을 즐거워하는 것만이 우리 영혼을 만족케 하는 유일한 행복이다"라고 선언했다. 따라서 우리는 세상을 지나며 세상 모든 것을 누릴 수 있으나, 동시에 하나님과 함께 있는 궁극적 기쁨이 세상의 다른 모든 기쁨과 낙을 완전히 압도한다는 사실을 늘 인식해야 한다.

에드워즈가 우리와 나란히 걷는다면 우리에게 이런 말을 해줄 것이다.

> 우리는 세상과 그 낙에 안주해서는 안되며 천국을 갈망해야 합니다…. 무엇보다도 우리는 천국의 복을, 하나님과 함께 있는 것을, 예수 그리스도와 누릴 행복을 열망해야 합니다. 비록 외적인 낙에 둘러싸여 있고 좋은 우정과 인연과 가족 중에 거할지라도, 비록 동료들 모임이 즐겁고 어린이들 속에 유망한 자질이 많이 보일지라

도, 비록 좋은 이웃들 곁에 살며 대체로 주변의 사랑을 받을지라도, 그래도 우리는 그런 것들이 자신의 유업인 것처럼 거기 안주해서는 안됩니다…. 그것들을 소유하고 누리고 활용하되 하나님이 명하시면 언제라도 버릴 각오로, 천국을 위해 선뜻 즐거이 내놓을 각오로만 그리해야 합니다.

여기서 우리는 상상과 이성을 함께 사용해야 한다. 당신이 이 영적 거장과 함께 나란히 인생길을 걷고 있다고 상상해 보라. 마음의 눈으로 보라. 그가 당신에게 들려주는 위의 말을 들으라.

- 그가 당신에게 주는 도전은 무엇인가?
- 그가 당신에게 주는 격려는 무엇인가?
- 이 만남에서 당신이 취할 것은 무엇인가?

여기서 내가 에드워즈에게 얻은 것은 이것이다. 그가 하나님의 피조물의 선(善)을 인정하는 대목이 내게 큰 격려가 됐다. 세상을 지나면서 나는 걸음을 멈추고 세상의 멋진 광경에 찬탄과 경이를 발할 수 있다. 시편기자처럼 나도 피조물의 아름다움과 신비에 취할 수 있다. "하늘이 하나님의 영광을 선포하고."

그러나 그것은 곧 다음 생각으로 이어진다. 피조물이 이렇게 멋지다면 창조주는 얼마나 더하겠는가. 언젠가 나는 그분과 함께 있게 된다! 이 생각이 나를 기대에 부풀게 한다. 피조물은 창조주를 가리키는 표지판이다. 하나님의 아름다움과 광채가 적어도 얼마큼은 피조물 속에 배어 있다. 그러므로 에드워즈의 당연한 요구처럼 나는 "천국을 위해 선뜻 즐거이 내놓을" 각오가 되어 있다.

이처럼 에드워즈는 우리 여정을 새로운 눈으로 보도록 해준다. 나그네 된 우리는 지나치는 세상의 아름다움을 무시해서는 안된다. 우리는 그것을 하나님의 아름다움에 대한 시식(試食)으로 음미할 수 있다. 어느 날 우리는 온전한 광채에 둘러싸인 그분을 뵐 것이다. 우리는 또 다른 이들의 사랑과 교제를 피해서도 안된다. 오히려 그것을 하나님의 임재와 사랑의 맛보기로 생각해, 귀히 여기고 누려야 한다.

좋은 것을 버리고 가장 좋은 것을 취할 날이 온다. 그때까지 우리는 하나님의 임재 안에 들어서는 것이 얼마나 놀라운 일일지 미리 기대할 수 있고, 여정을 가는 동안 그 생각에서 격려와 자극을 얻을 수 있다.

2. 회의의 광야

세상은 믿음의 친구가 아니다. 애굽을 떠난 이스라엘은 열정과 믿음에 떠밀려 앞으로 나아갔다. 그러나 시간이 가면서 믿음은 시들어지고 회의(懷疑)가 찾아 들었다. 어떤 이들은 애굽으로 돌아가고 싶어했다. 그래도 그곳에는 고기와 빵이 있지 않았던가. 왠지 여정은 무의미해졌다. 이스라엘은 비틀거렸다.

회의의 문제는 그때 못지 않게 지금도 현실로 다가온다. 회의는 그리스도인의 삶에 강력한 도전으로 남아 있다. 많은 그리스도인들이 매사를 확실히 알고 싶어한다는 데 문제의 일부가 있다. 도마처럼 우리도 부활하신 그리스도를 만져 보고 디베랴 바닷가에서 그분과 함께 먹을 수 있기를 원한다. 사실이기에는 너무 꿈같은 복음인지라 우리는 은근히 확인을 원한다. 낮에는 구름기둥이 밤에는 불기둥이 우리 여정에 함께 있어 하나님의 임재를 입증해 주기 원한다. "내가 믿나이다. 나의 믿음 없는 것을 도와주소서"(막 9:24). 복음서에 나오는 이 말에 우리는 얼마나 쉽게 공감을 느끼던가.

회의는 금세 절망으로 변한다. 이해가 된다. 우리는 확실한—절대적으로 확실한—신앙을 원한다. 남들이 내 신앙의 기초를 따져 물을 때 우리는 하나님과 천국의 존재에 확실한 증거를 내놓을 수 있기 원한다. 산에 올라 강 건너 약속의 땅을 보기 원한다. 그러나 그럴 수 없다. 우리는 보는 것으로 행치 않고 믿음으로 행한다. 위대한 찬송 작사자 아이작 왓츠(Isaac Watts, 1674-1748)는 말했다. "자신이 추구하는 모든 주제에서 확실성에 도달할 것을 기대하지 말라. 우리 유한한 인간은…수많은 주제에 대해 개연성 정도로 만족해야 한다. 우리의 지식과 사고가 아무리 뛰어나도 그 이상에는 이를 수 없다."

회의는 우리의 발걸음을 귀찮게 따라다니는 광야여정의 길동무다. 회의가 당분간 잦아들 수는 있지만 그 부재는 일시적이다. 회의는 좀처럼 떠날 줄 모르는 동행이다. 우리는 회의에 대처하는 법을 배워야 한다.

회의는 단순히 학문적 문제가 아니다. 회의는 단순히 우리가 하나님의 존재를 증명할 수 없다는 차원이 아니다. 회의는 정서의 문제다. 이 광활한 우주에 진정 의미가 있을까? 나를 사랑하고 아끼는 하나님이 정말 있을까? 나는, 내 존재쯤이야 알지도 못하고 관심도 없는 무의미한 기계적 우주의 일부에 지나지 않을까? 이런 섬뜩한 의문을 몰고 오는 것이 회의다. 그 순간 우리는 지식적 대답 이상의 것이 필요하다. 하나님의 따뜻한 품에 안겨 그 사랑과 돌보심을 알 필요가 있다.

그러나 회의는 신앙여정의 새로운 경험이나 미지의 경험이 아니다. 우리 앞서 여행한 자들도 동일한 의문과 고민을 겪었다. 앞서 간 이들과 우리 사이에 공감대가 있다. 그들도 신앙여정 가운데 고뇌하며 회의의 고통을 맛보았다. 시편 42편을 읽으면 그런 사람의 세계에 들어설 수 있다. 그는 하나님이 없는 것 같아 고민했고, 주님의 찬란한 광채가 회복될 것을 갈망했다.

> 하나님이여, 사슴이 시냇물을 찾기에 갈급함같이 내 영혼이 주를 찾기에 갈급하니이다. 내 영혼이 하나님 곧 생존하시는 하나님을 갈망하나니.

좀더 읽다 보면 시편기자가 왜 그런 암담한 심경에 **빠졌는지** 분명해진다. 하나님은 멀게만 느껴지고 주변 사람들은 그를 조롱한다.

> 사람들이 종일 나더러 하는 말이 네 하나님이 어디 있느뇨 하니 내

눈물이 주야로 내 음식이 되었도다.

하나님이 그를 잊으신 것일까? 그렇다면 그는 홀로 버려진 셈이다. 그가 그토록 침울해하고 괴로워하는 것도 이해가 된다.

그러나 시편기자는 결단코 낙심하지 않고, 회의를 퇴치하는 영적 전략을 기용한다. 바로 기억과 기대다. 그는 지난날의 하나님의 임재를 **기억한다**. 그리고 장차 하나님의 임재의식이 되살아날 것을 **기대한다**. 이런 시각으로 그는 현재의 난관을 타개할 수 있다.

우선 그의 마음은 하나님의 생생한 실체를 맛보던 과거로 돌아간다.

> 내가 전에 성일을 지키는 무리와 동행하여 기쁨과 찬송의 소리를 발하며 저희를 하나님의 집으로 인도하였더니 이제 이 일을 기억하고 내 마음이 상하는도다.

우리도 다 기억을 더듬어 주님의 찬란한 임재에 흠뻑 젖었던 순간을 떠올릴 수 있다. 회의의 시기에는 그런 순간을 기억하는 것이 중요하다. 그때 일을 기록하며, 얼마나 좋았는지 회상해 보라. 애굽을 떠날 때 이스라엘은 여호와의 임재와 능력을 알았다. 이후의 황량한 시절마다 그들은 자주 그때를 떠올릴 필요가 있었다.

다행히 시편기자는 하나님의 소생케 하시는 임재가 되돌아올 것을 안다. 괴로움 중에도 그는 주님과의 교제 회복을 기대하는 황홀한 과정에 들어서 그 기쁨을 미리 맛본다.

너는 하나님을 바라라. 나는 내 얼굴을 도우시는 내 하나님을 오히려 찬송하리로다.

하나님은 그를 잊지 **않으셨고** 우리도 잊지 않으신다. 우리 이름은 그분의 손바닥에 새겨져 있다(사 49:16). 우리를 향한 그분의 자상한 사랑은 한순간도 흔들리지 않으며, 그분의 눈길은 한시도 우리를 떠나지 않는다. 우리는 그분의 사랑하시는 자다. 귀하신 독생자가 우리를 위해 죽으셨다.

회의를 경험하고 대처 방법을 터득한 사람과 대화하는 것은 분명 유익하다. 우리를 앞서 간 사람과 다시금 신앙여정의 히치하이크를 할 때가 됐다.

히치하이크: 마르틴 루터와 함께

마르틴 루터(Martin Luther, 1483-1546)는 16세기의 가장 비중 있는 기독교 작가 가운데 한 사람이다. 그는 로마 카톨릭 교회를 개혁하고 갱신하는 운동에 앞장섰다. 그는 천주교가 길을 잃었다고 생각했다. 루터는 교회가 일종의 정체감 위기에 빠졌다고 확신했다. 당시의 교회는 중세 말기의 권력 정치와 거액 대금(貸金)에 빠져 본분을 상실했다. 루터는 교회를 깨워 복음의 부요함과 기쁨을 되찾게 하는 것을 자신의 사명으로 여겼다.

루터는 비텐베르크 대학교 성경학 교수로 시작했지만 이내 학계의 좁은 반경 너머로 자신의 영향력을 넓혔다. 한 가지 특별한 관심사는 이신칭의(justification by faith)의 교리, 즉 구원받고 하나님의 임재에 들어가기 위해 인간이 해야 할 일이 무엇인가를 다루는 문제였다. 루터는 중세교회가 이 점에 관해 생각이 혼탁해져, 사람들에게 구원을 돈으로 사거나 선행을 통해 얻어 낼 수 있는 것이라는 인상을 주었다고 생각했다. 충분히 근거 있는 생각이었다. 이 중요한 주제가 유명한 "면죄부 논쟁"의 핵을 이룬다. 루터에게 구원이란 하나님의 은혜로운 선물이며 믿음과 신뢰로 받아들이는 것이었다.

루터는 하나님이 전적으로 신뢰할 만한 분임을 강조했다. 복음은 미쁘신 하나님의 약속에 근거한 것이므로 우리는 복음을 믿고 의지할 수 있다. 루터는 많은 그리스도인들에게 회의가 참으로 어려운 문제임을 인식하고, 거기에 대처하는 많은 방법을 찾아냈다. 여기서는 그중 두 가지 접근을 살펴보고자 한다.

둘 다 소위 "십자가 신학"과 관련된 것이다. 십자가 신학이란 하나님을 생각하되 그리스도의 십자가의 수난과 고통에 중점을 둔다. 전통적으로 이것은 우리 구속(救贖)의 값비싼 대가를 떠올리는 중요한 방식이다. 우리를 위해 죽으신 그리스도의 고통과 수난을 묵상할 때 우리는, 은혜와 사랑으로 우리를 구속하신 하나님의 측량 못할 신비를 실감할 수 있다. 이것을 좀더 발전시켜 루터는 죽으시는 그리스도의 이미지를 회의의 문제에 적용한다.

루터의 접근을 이해하려면 십자가에서 죽으시는 그리스도의 모습을 머릿속에 그릴 필요가 있다. 기독교적 의미의 바른 묵상이란 또렷한 의식으로 성경의 한 이미지―이 경우 십자가의 죽음―에 집중하는 것임을 잊지 말라. 세상, 가족, 친구 등 마음을 어지럽히는 모든 잡념을 한쪽으로 제쳐 두고 그리스도께 집중하라.

십자가에 대한 복음서 기사를 읽어도 좋다. 말씀이 상상을 자극할 것이다. 아니면 다음 도움말을 따라도 좋다.

- 마음의 눈으로 십자가 처형 장면을 그려 보라. 예루살렘 성벽 밖에 작은 언덕이 있다. 거기 세 개의 십자가가 있다. 가운데 십자가에 집중하라. 거기 두 팔을 벌리고 있는 그리스도를 보라. 그분은 당신을 위해 그 자리에 있다.
- 이제 세부사항을 채워 나가라. 그분은 가시 면류관을 쓰고 있다. 가시에 살갗이 찢긴다. 피가 떨어진다. 고통에 일그러진 얼굴을

보라. 십자가에 못박힌 손으로 눈길을 옮기라. 못의 흉측한 상처에서 피가 뚝뚝 떨어진다. 얼른 마음에 잘 받아들여지지 않을 정도로 처참한 광경이다.
- 무리의 함성을 들으라. "십자가에서 내려오라! 너 자신을 구원하라!" 그러나 그분은 그 자리에 남아 우리를 구원하셨다. 우리를 향한 그분의 사랑은 끝이 없다. 우리를 살리시려 그분은 모든 것을 내주셨다.

머릿속에 그림이 잡혔으면 이제 이런 일이 생긴 이유를 생각해 보라. **그분은 당신을 위해 그리하셨다.** 의무여서가 아니라 자원하여 하셨다. 우리는 그만큼 그분께 중요하다. 낮은 자존감으로 고생하는 사람은 이 통찰을 마음에 새겨야 한다. **당신은 세상에서 가장 크신 분께 아주 중요한 존재다!** 루터에게 있어 그리스도의 상처를 묵상하는 것은 하나님의 사랑에 대한 회의를 떨쳐 내는 최고의 해독제였다. **그분은 우리를 위해 상하셨다.** 상처 하나하나마다 긍휼이 풍성하신 하나님의 사랑과 돌보심의 증거가 있다. 이것이 우리의 자아상을 어떻게 달라지게 하는지 보라. 그분이 그 수난과 고통과 고뇌를 자원하실 정도로 우리는 그분께 중요한 존재다.

그 상처를 마음속에 떠올려 보라. 고이 간직하라. 그 상처로 인해 우리는 나음을 입었다. 각 상처마다 우리를 향한 하나님의 놀라운 사랑을 확증해 준다. 세상의 구주의 몸에 박힌 못마다 "그분은 우리를 사랑하신다!"고 외치고 있다. 우리에게 모든 것을 내어주신 분을 어찌 회의할 수 있으랴.

루터는 회의를 이기는 또 다른 접근을 찾아냈다. 역시 십자가를 중심으로 한 것이다. 첫 성금요일에, 당신이 그 자리에 있다고 상상해 보라. 십자가 처형 장면에 다시 들어가라. 외롭고 쓰라린 갈보리 길을 비틀거리며 가시는 그리스도를 사람들 틈에서 함께 지켜보라. 십자가 주변에서 그리스도의 죽음을 지켜보는 무리 속에 섞여 들라. 단 뒤이어 벌어질 일은 아직 생각해서는 안된다. 눈앞에 닥친 첫 부활절을 당신은 모른다. 예수께서 죽으실 때 당신은 그것으로 끝인 줄 안다. 십자가를 순전히 십자가로 경험하라. 부활로 모든 것이 바뀌겠지만 당신은 아직 그것을 모른다.

제자들이 비탄에 젖은 까닭을 이제 알겠는가? 성경은 그들이 목자 없는 양 같았다고 말한다. 물론 그들은 부활이 있을 줄 알아야 했다. 그러나 그리스도께서 수치와 유기(遺棄)의 십자가에서 죽으셨다는 냉엄하고 혹독한 현실 앞에 그것은 까맣게 잊혀진 듯했다. 그들의 모든 소망의 기초가 되셨던 분이 죽으셨다. 그들의 소망도 함께 죽은 듯했다. 이 제자들의 경험 속으로 들어가라. 이해하는 정도가 아니라 더 깊이 들어가라. 그들의 무산된 세계에 당신 자신을 대입하라.

잠시 다음 세 단어에 집중해 보라. 그 정서적 파장을 흡입하며 깊이 생각해 보라. 어떤 경험을 말해 주고 있는가? 그것을 사전 속의 단어만이 아니라 실생활의 경험으로 안다면 어떤 심정일까?

- 자포자기
- 절망
- 망연자실

첫 성금요일의 절망을 경험하지 않는 한 우리는 부활절의 기쁨을 절대 다 이해할 수 없다.

이제 루터의 말이 이해가 된다. 신앙여정의 삶은 얄궂으리만큼 첫 성금요일을 닮았다. 많은 일을 겪고 보면서 우리는, 희망이 무산되고 멀쩡하던 믿음이 의혹에 빠지며 체험적 세계가 격랑에 휩싸이는 것을 경험한다. 그리스도께서 죽으신 후의 첫 제자들처럼 우리도 갈피를 못 잡고 어찌할 바를 모를 때가 있다.

그러나 그 두려움과 절망은 첫 부활절 날 바뀌었다. 기쁜 소식의 첫마디는 단순히 그리스도께서 부활하셨다는 것, 죽으셨던 분이 다시 사셨다는 것이다. 이 기상천외한 반전의 놀라운 의미가 제자들 마음을 적시기 시작하자 그들은 삶을 보는 눈이 달라졌다. 절망이 기쁨으로 변했다. 아니 절망이 있었기에 기쁨은 더 찬연했다. 성금요일을 보는 시각도 바뀌었다. 무의미한 절망이요 수수께끼 같던 사건도 새로운 외경의 눈으로 보자 세상 최고의 기적—인류의 구속—을 이루는 장엄한 수단이 되었다.

광야길 가는 우리의 경험에 이 틀을 취하여 적용하라는 것이 루터의 도전이요 권고다. 첫 성금요일 때처럼 우리도 난감한 자포자기 상황과 절망감에 부딪칠 것이다. 그럴 때 우리는 그것을, 첫 성금요일을 보는 지금의 시각처럼 부활절과 연계해 보아야 한다. 십자가를 부활의 관점에서 보는 것이다. 기독교 신앙은 선포한다. 지금은 우리가 거울이나 굴절된 유리로 보듯 희미하게 볼 뿐이지만(고전 13:12) 언젠가 하나님을 대면하여 뵐 것이다. 마침내 큰 그림을 볼 때 이전의 사건들은 다 의미를 찾는다.

루터의 도전과 권고는 우리에게 어떻게 다가오는가? 그의 통찰을 들으며 그와 함께 보낸 시간을 통해 우리가 얻을 수 있는 것은 무엇인가? 루터의 주 목표가 우리에게 확신을 주려는 데 있음은 두말할 것도 없다. 우리는 내 생각이 아니라 하나님의 약속을 믿어야 한다. 루터는 우리에게 용기를 잃지 말고 신앙 행보에 정진할 것을 도전한다. 모든 문제가 다 풀리지는 않을지 몰라도 우리는 사랑으로 돌보시는 하나님을 믿는다. 그분은 온전히 믿을 만한 분이요 "모든 환난 중에서 우리를 위로하사…모든…자들을 능히 위로하게 하시는 [하나님]"(고후 1:4)이다.

그런 생각으로 우리는 광야를 통과한다. 발걸음을 내딛을 때마다 우리는 약속의 땅에 더 가까워짐을 안다.

3. 소생의 오아시스

메마른 자갈밭 광야에서 고생한 자라면 누구나 휴식과 새 힘이 필요하다. 마른땅이 단비를 희구하듯 우리도 한 모금 서늘한 물로 목을 축이고 기력을 되찾기 원한다. 선지자들이 마른땅에 비가 내리는 것을 인간의 회복과 소생의 필요성에 대한 생생한 비유로 본 것은 어쩌면 당연한 일이다.

사막 여행자들은 오아시스를 그리며 걸음을 지속한다. 그곳에 시원한 물웅덩이가 있고 서늘한 대추야자 그늘이 있다. 지친 길손들은 거기서 안식과 평화를 얻는다. 곧 다시 떠나야 하겠지만, 당분간 그들은 고된 수고에서 벗어나 달콤한 평정을 맛본다. 기쁨과 소생의 진귀한 순간이다.

신앙여정에 지쳐 영적 소생을 갈구하는 마음이 시편 63편에 잘 나타나 있다.

> 하나님이여, 주는 나의 하나님이시라. 내가 간절히 주를 찾되 물이 없어 마르고 곤핍한 땅에서 내 영혼이 주를 갈망하며 내 육체가 주를 앙모하나이다.

힘든 사막 여행의 고단함이 생생히 그려진 시다. 여정의 이미지를 머릿속에 그려 보며 우리는 지치고 고된 길가는 나그네의 체험적 세계에 들어설 수 있다. 그는 휴식과 새 힘을 애타게 찾는다. 하지만 어디서 얻을 것인가?

시편의 고백처럼 신앙여정 중에 우리를 소생시켜 새롭게 하실 수 있는 분은 하나님뿐이시다. 배고프고 목마를 때 음식과 물이 있어야 물리적 여행의 수고를 지속할 수 있듯이, 신앙여정도 살아계신 하나님이 지탱해 주셔야만 가능하다.

광야를 방황하던 이스라엘도 그렇게 견뎠음을 바울은 말한다. 이스라엘 백성은 "다 같은 신령한 식물을 먹으며 다 같은 신령한 음료를 마셨으니 이는 저희를 따르는 신령한 반석으로부터 마셨으매 그 반석은 곧 그리스도시라"(고전 10:3-4). 신앙여정 중 양분을 얻는다는 이 개념을 우리는 신약의 두 주제를 묵상함으로 발전시킬 수 있다. 둘 다 요한복음에 나오는데, 여정의 시종을 그리스도께서 지탱해 주셔야 함을 강조하고 있다. 둘을 합하면 우리 여정에 풍성한 통찰과 확신을 얻을 수 있다.

첫째, 예수는 우리에게 물을 주겠다고 하신다. "속에서 영생하도록 솟아나는 샘물"(요 4:14)이다. 이 이미지를 붙들고 천천히 음미해 보라. 보통 물은 잠시만 목을 축여 주지만 예수께서 주시는 물은 영원한 해갈을 준다는 것이 요지다. 둘째, 예수는 "생명의 떡"(요 6:51)이 되겠다고 하신다. 광야에서 이스라엘에게 주어진 만나와 달리 이 떡을 먹는 자는 아주 배부르며 영원히 산다. 보통 떡은 죽음으로 끝나지만 이 떡은 영생으로 이어진다.

여기서 잠깐 이 두 이미지를 묵상하면 좋다. 둘 다 소생을 말한다. 둘 다 이 소생이 그리스도 안에만 있음을 선포한다. 예수는 청중들에게 생명의 떡을 보여주겠다든지 그 떡이 있는 특별한 곳으로 그들을 데려가겠다고 말씀하시지 않는다. 아니다. 그분 자신이 그 떡이다. 그리스도를 먹으면 양분을 얻어 신앙여정을 지속할 수 있다. 무슨 말인가? "그리스도를 먹는다"는 것은 무슨 뜻인가? 영국의 위대한 침례교 설교자 찰스 해던 스펄전(Charles Haddon Spurgeon, 1843-1892)에게서 한 가지 답을 얻을 수 있다.

1855년 첫 주일에 전한 유명한 설교에서, 스펄전은 우리 신앙여정에 소생이 꼭 필요함을 역설하고서 소생의 출처를 주저함 없이 밝혔다. 바로 그리스도를 묵상하는 것이다.

그리스도를 묵상할 때 그 안에 모든 상처를 다스리는 유향이 있습니다. 아버지를 묵상할 때 모든 슬픔이 사라집니다. 성령의 능력 안에 모든 환부를 고치는 약이 있습니다. 슬픔을 떨치고 싶습니까? 염려를 잊고 싶습니까? 가서 하나님의 심해에 빠지십시오. 광대하신 그분 안에 파묻히십시오. 그러면 푹신한 소파에 누워 잘 쉰 것처럼 기력을 되찾아 소생된 모습으로 나올 것입니다. 경건하게 하나님을 묵상하는 것만큼 영혼에 위안을 주고 시련의 바람을 잔잔케 하는 것은 없습니다.

힘차고 당당한 말이다. 설교자의 나이가 당시 약관에 지나지 않았음을 생각할 때 더욱 놀랍기 그지없다. 스펄전은 앞서 간 여행자들의 집약된 통찰을 바탕으로 나이를 초월해 지혜를 가르쳤다. 그렇게 어린 사람이 어떻게 이런 심오한 사상을 말할 수 있었는지 근심하기보다는 우리가 그것을 활용할 수 있는 길을 찾아보자.

스펄전에게 그리스도를 묵상한다는 것은 말할 수 없는 위로였다. 그리스도께 대한 묵상이 지친 영혼에 미치는 영향을 피력하기 위해 그가 사용한 일련의 이미지를 잘 보라. 곤고함, 스트레스, 상처 따위의 이미지가 이 짧은 본문에 산재해 있음에 주목하라. 길가는 자들은 의당 풍상과 상처와 피로를 예상해야 한다. 스펄전은 청중들에게 광대하신 하나님 안에 빠져 소생과 치유와 위로를 얻은 모습으로 나오라고 권한다.

그렇게 할 수 있는 한 가지 방법은 찬양과 예배다. 예배란 하나님의 충만한 빛과 영광을 조금이나마 본 사람의 당연한 반응이다. 말에 한계를 느껴 기쁨과 경이와 감격 속에 무릎꿇는 순간이 곧 예배다. 인간의 언어는 주님의 위엄과 영광을 표현하기에 한마디로 역부족임을 우리는 깨닫는다. 예배가 우리를 소생케 하는 것은, 눈을 들어 우리 창조주와 구속자의 광대하심과 위용을 맛보게 하기 때문이다. 그 비전으로 감격과 활력을 얻은 우리는 새로운 헌신과 에너지로 그리스도인의 삶에 복귀한다.

선지자 이사야도 그런 일이 있었다. 알다시피 선지자는 성전에서 여호와를 뵈었다. 환상 중에 하나님의 영광이 빛을 발하며 이사야를 압도했다. 하나님의 영광의 광채가 계시되자 이사야는 엎드러졌다. 그는 자신이 그런 놀라운 광경을 결코 볼 수 없는 죄인임을 알았다. 그러나 계속 읽어 보면 그는 여호와를 뵙고 나서 힘을 얻었다. 일할 자가 누구냐고 물으시는 하나님께 답한 음성은 바로 이사야였다. "내가 여기 있나이다! 나를 보내소서!" 하나님의 놀라운 영광을 보면 그분의 일에 자원하여 나서게 되어 있다.

우리도 그 영광을 조금이나마 볼 수 있을까? 물론 주님의 모든 영광을 보려면 새 예루살렘 문에 들어설 때까지 기다려야 한다. 그러나 이따금 우리도 그 영광을 조금씩 본다. 그것으로 천성을 향한 머나면 여정을 지속하기에 족하다. 우리는 길가는 동안 늘 주님을 새롭게 보게 해달라고 기도해야 한다.

그러나 스펄전이 말한 방식대로 여정중에 소생을 경험하는 길이 또 있다. 20세기 가장 비중 있는 복음주의 사상가 가운데 한 사람의 글에서 그것을 찾을 수 있다. 안식과 교훈을 찾아 그와의 히치하이크에 나서 보자.

히치하이크: J. I. 패커와 함께

제임스 이넬 패커(James Innell Packer)는 1927년 영국 대성당이 있는 도시 글로체스터에서 태어났다. 학교에서 고전을 공부한 그는 1944년 옥스퍼드 대학교에 가 계속 수학했다. 그는 옥스퍼드 첫 학기 중에 그리스도인이 됐다. 얼마 후 그는 존 오웬(John Owen), 리처드 백스터(Richard Baxter) 같은 위대한 청교도 신학자들의 글에 심취하기 시작했다. 그는 그들이 기독학생회 모임에 왔던 많은 강사들보다 그리스도인 삶의 문제들에 관해 훨씬 더 현실적임을 깨달았다.

패커는 학문에 소질이 있었다. 옥스퍼드에서 고전공부를 마친 후 신학으로 최우등상을 받았다. 평소 청교도 작가들에 관심이 있던 그는 옥스퍼드에서 리처드 백스터의 종교사상을 연구해 박사학위를 받았다. 그러나 패커는 신학자로서 자신의 소명이 학문 자체

라기보다는 신학과 영성을 일반독자들에게 널리 보급하는 드물고 중요한 은사와 관련된 것임을 알았다.

패커가 자신에게 그런 설명의 은사가 있음을 처음 깨달은 것은 노스 런던의 한 대학에서 1년간 가르칠 때였다. 후에 그는 영국에서 몇 차례 신학교육에 몸담았던 기간과 특히 밴쿠버 리젠트 대학에 장기간 신학교수로 있는 동안(1979-1997) 그것을 적용했다. 패커의 가장 잘 알려진 저서 중 하나는 「하나님을 아는 지식」(*Knowing God*)이다. 스펄전이 그토록 흠모했던 청교도 영성의 위대한 전통을 잇는 책이라 할 수 있다. 가장 중요한 주제 가운데 하나는, 단순히 하나님에 관해 이것저것 아는 것이 아니라 하나님 자신을 온전히 알아야 한다는 것이다.

우리가 하나님을 아는 특권을 누린다는 것은 놀라운 일이다. 그러나 그보다 더 놀라운 일이 있다. **하나님이 우리를 아신다**는 것이다. 우리는 그 점을 깨닫고 소중히 붙들어야 한다. 우리가 태어나기도 전부터 하나님은 우리를 아셨다. 우리 중 더러는 연약해서 더러는 반항심으로 그분을 실망시킬 것도 그분은 아셨다. 반면에 사랑할 능력이 생기는 순간부터 그분을 사랑할 자들이 있음도 그분은 아셨다. 어느 경우든 하나님은 우리를 사랑하시고 지키신다. 하나님은 이미 우리를 아신다. 실체대로 정확히 아신다. 가식이나 꾸밈이 필요 없다. 그분은 우리의 실체를 보신다. 우리가 체면치레로 쓰는

가면을 그분은 꿰뚫어 보신다.

하나님은 우리를 아신다(시 139:1). 누군가 나를 "생긴 그대로"(올리버 크롬웰의 유명한 표현을 빌리면) 안다고 상상해 보라. 어떤 이들에게 그것은 깊은 위협으로 다가온다. 그러나 나를 포함해 다른 이들에게 그것은 깊은 확신을 준다. 기도할 때 우리는 조금도 꾸밀 필요가 없다. 스스로 만들어 낸 이미지에 부합하려 부단히 애쓰며 가식의 세계 속에 살아갈 필요가 없다. 기도할 때 우리는 나를 만드시고 속속들이 아시는 분의 사랑의 임재 안에 들어간다. 있는 모습 그대로 하나님께 나아가 그분 원하시는 모습으로 빚어 달라고 구한다. 나를 치유하고 새롭게 하실 수 있는 그분께 자신을 맡긴다.

우리는 하나님에 관해 더 알아야 한다고 생각할 때가 많지만, 정작 우리에게 필요한 것은 하나님을 더 친밀하게 아는 것이다. 스펄전은 청중들에게 뭐라고 권했던가. "하나님의 심해에 빠지십시오. 광대하신 그분 안에 파묻히십시오. 그러면 푹신한 소파에 누워 잘 쉰 것처럼 기력을 되찾아 소생된 모습으로 나올 것입니다." 패커도 스펄전처럼 우리에게 더 깊이 들어가라고 권한다. 그는 "설명으로 아는 것"과 "경험으로 아는 것"을 중요하게 구분한다. 그는 자신의 말로 "관계적 앎"의 중요성을 강조한다. 그것은 "헌신과 신뢰, 믿음과 의존의 관계를 통해 우리에게 주어지는 지식"을 말한다.

「하나님을 아는 지식」에서 패커는 우리와 하나님의 관계에 지식과 의지와 감정이 고루 수반되어야 함을 지적한다. 셋 모두를 개발해야 한다. 자칫 우리는 하나님과의 관계의 필수적 측면을 무시해 영적 빈곤에 빠지기 쉽다. 하나님에 관해 더 알면 지식이 늘어날 것이다. 그래서 정녕 오류와 혼돈을 면할 수 있겠지만 다른 부분에는 양분이 못 될 것이다. 우리는 하나님을 사랑하고 섬기는 일에 좀더 의도적으로 자신을 바칠 필요가 있다. 다시 말해 새로운 열심과 헌신으로 내 의지를 하나님께 맞춰야 한다. 또한 여기에 감정이 개입되어야 한다. 패커는 말한다.

> 하나님을 아는 것은 지정의를 동원한 인격적 만남의 문제다. 사실 그렇지 않고는 제대로 인격적 관계가 될 수 없다. 다른 사람을 알려면 그와의 사귐에 나를 내줘야 하며, 그의 흥미와 관심사에 동화될 각오가 필요하다. 그것이 없는 관계는 피상적이고 무미건조할 수밖에 없다.

그 예로 패커는 사랑하는 관계의 두 사람을 생각한다. 둘은 함께 시간을 보내며 서로의 원하는 바를 알게 된다.

> 그렇게 말과 행동으로 서로 마음을 여는 사이 둘은 슬플 때나 기쁠 때나 상대의 본질을 "맛본다." 둘은 서로의 관심사에 동화되며 그

리하여 인격적·정서적으로 거기 개입한다. 그들은 서로를 생각할 뿐 아니라 서로를 느낀다. 이것은 친구끼리 서로를 알아 가는 데 필수적 측면이며, 그리스도인이 하나님을 아는 데도 동일하게 적용된다. 앞서 보았듯이 하나님과 우리의 관계도 그 자체로 친구 관계다.

이렇듯 영적 소생이란 하나님과 함께 시간을 보내고, 그분께 더 깊이 헌신하고, 그분께 중요한 일에 우리 스스로 동화함으로 얻어진다. 여기에는 우리의 지정의가 수반된다. 따라서 하나님을 아는 데는 **정서적** 차원이 있다. 행여 남이 나를 "자아도취"에 빠졌거나 비이성적인 존재로 볼까 두려워 우리는 관계의 그 측면을 경시할 때가 많다.

잊어서는 안 될 사실이 있다. 하나님을 안다는 것은 지식적·의지적 관계 못지않게 정서적 관계다. 그렇지 않고서는 인격 간에 깊은 관계란 있을 수 없다. 신자는 세상에서 하나님 일의 승리와 부침(浮沈)에 감정적으로 동참하며 마땅히 그래야 한다…. 하나님이 영광 받으실 때 신자는 기뻐하며, 하나님이 모욕당할 때 신자는 가장 뼈아픈 고통을 느낀다…. 자신이 주님을 실망시킨 것을 깨달을 때 그리스도인은 수치와 죄책을 느낀다(시 51편; 눅 22:61-62 참조). 자신이 받는 영원한 사랑의 영광을 하나님이 이 모양 저 모양으로 깨우쳐 주실 때 신자는 무시로 황홀한 기쁨에 젖는다.

패커의 말은 지난 2세기 동안 서구 기독교에 분열의 재앙을 불러온 냉담한 합리주의에 강력한 도전을 날린다.

그렇다면 이 길동무가 우리에게 주는 통찰은 무엇인가? 그가 들려주는 말은 여정의 다음 구간을 준비하는 우리를 어떻게 소생시켜 줄 것인가? 오아시스 야자수 아래 모닥불을 피우고 둘러앉은 우리를 그는 어떤 지혜로 무장시켜 내일의 황량한 사막길에 다시 오르게 할 것인가?

패커가 우리에게 주는 가장 단순하면서도 가장 강력한 통찰은 이것이다. 신앙여정을 걸으며 우리는 길동무를 더 잘 알아야 한다. 그것은 나 혼자 가는 일이 아닌 까닭이다. 살아계신 하나님을 만난 다른 동행자들만 두고 하는 말이 아니다. 살아계신 하나님 자신도 우리의 동행자이시다. 그분의 임재는 우리를 지키고 위로하고 도전하며, 길가는 우리에게 활력을 준다. 우리 여행의 목표인 하나님은 그 여정에 우리 길동무도 되신다.

패커는 우리에게 이 하나님을 더 잘 알아야 할 것을 주문한다. 우리는 그분을 믿고 그분께 자신을 맡겨야 한다. 그분은 우리를 돌보시며 우리 길을 인도하신다. 우리는 그 돌보심을 알 필요가 있다. 단순히 신학적 명제로서가 아니라 생명을 주고 삶을 유지시키는 하나의 실체로서 말이다. 신앙여정은 처음부터 끝까지 그 실체에 의존한다.

그러므로 결국 가장 중요한 것은 내가 하나님을 안다는 사실이 아니라 그 바탕이 되는 더 큰 사실, 즉 그분이 나를 아신다는 사실이다. 나는 그분의 손바닥에 새겨져 있다. 나는 그분 생각에서 떠나지 않는다. 그분을 아는 내 모든 지식은 나를 먼저 아신 그분의 지속적 주도권에 기인한다. 내가 그분을 앎은 그분이 먼저 나를 아셨고 지금도 아시기 때문이다. 그분은 친구로서, 나를 사랑하시는 분으로서 나를 아신다. 그분은 한순간도 내게서 눈을 떼시지 않으며 내게서 관심이 떠나시지 않는다. 따라서 그분의 돌보심은 한시도 요동하지 않는다.

얼마나 힘이 되는 말인가. 그 안에 성경의 한 핵심 주제가 놀랍도록 잘 압축돼 있다. 하나님은 그 사랑하시는 자들을 끝까지 돌보신다는 주제다. 패커의 말을 다시 한번 읽으라. 그리고 나서 다음의 시편 121편을 읽으라. 천천히 읽으라.

내가 산을 향하여 눈을 들리라. 나의 도움이 어디서 올꼬. 나의 도움이 천지를 지으신 여호와에게서로다. 여호와께서 너로 실족지 않게 하시며 너를 지키시는 자가 졸지 아니하시리로다. 이스라엘을 지키시는 자는 졸지도 아니하고 주무시지도 아니하시리로다. 여호와는 너를 지키시는 자라. 여호와께서 네 우편에서 네 그늘이 되시나니 낮의 해가 너를 상치 아니하며 밤의 달도 너를 해치 아니하리로다. 여호와께서 너를 지켜 모든 환난을 면케 하시며 또 네 영혼을 지키시리로다. 여호와께서 너의 출입을 지금부터 영원까지 지키시리로다.

길떠나는 자에게 얼마나 위안이 되는 말씀인가. 여행자는 장차 견뎌야 할 위험과 고생 때문에 불안하다. 험하고 가파른 산도 올라야 하고 사나운 날씨도 참아야 한다. 그러나 이 시는 하나님이 여행 끝까지 계속 변치 않고 돌봐 주심을 선포한다. **하나님을 아는 우리는 이미 하나님께서 아시는 자들이다.** 신앙여정이 우리를 어디로 데려가든 그분의 자상한 돌보심이 우리를 감싸고 품어 준다. 패커는 우리가 그 사실을 깨닫기 원한다.

그 돌보심과 지속적 임재를 아는 상태에서 우리는 이제 여정의 둘째 구간에 들어선다.

둘째 여정

 광야를 지나는 이스라엘에게 피곤과 깊은 반항심이 찾아들었다. 우리는 왜 이러고 있는가? 약속의 땅은 어디 있는가? 젖과 꿀의 매혹은 강했다. 그러나 이스라엘 백성은 그 비전을 붙들기 어려웠다. 주변에 보이는 것이라곤 메마르고 황량한 사막의 풍경뿐이었다.

피곤이 매몰차게 반항심으로 이어지는 노정이 있다. 광야의 황무지에서 우리는 자신의 약점과 결점이라는 냉엄하고 혹독한 현실에 부딪친다. 전에 없이 자신의 실상을 알게 된다. 많은 그리스도인들에게 있어 광야는 고립무원의 장소다. 숨은 죄와 두려움을 찾아내 대면할 수 있는 기회가 거기 있다. 죄와 두려움은 한 인간인 나를 파멸시키려 위협하며, 여행 목적지에 이르지 못하게 방해한다.

이렇듯 광야는 정화의 자리, 곧 자신을 점검하고 자기 결점을 직시하며 잘못을 바로잡는 곳이 될 수 있다. 거기는 영구적 집이 아니라 유배지다. 본래 우리가 살도록 되어 있는 곳이 아니다. 그러나 유배지의 방황을 통해 우리는 귀향을 준비할 수 있다. 내가 귀향을 얼마나 사모하는지 새삼 인식시켜 준다는 점도 결코 빼놓을 수 없다. 그래서 지금부터 어떻게 이 세상이 유배지일 수 있는지 생각해 보려 한다.

1. 유배의 이정표

우리는 이 세상에서 무엇을 하고 있는가? 여기가 **본래** 우리의 살 곳인가? 인생길 가는 자들이 의당 묻는 질문이다. 이런 점에서 우리의 방향 감각에 도움이 될 이정표는 무엇일까? 창조라는 한 가지 이정표의 중요성은 이미 살펴보았다. 그 밖에 또 어떤 것들이 있을까?

그리스도인의 여정은 네 가지 이정표의 틀로 생각할 수 있다.

- 창조
- 유배
- 구속
- 완성

유배의 이정표는 우리가 에덴에서 추방되었음을 보여준다. 우리는 더 이상 낙원에 살고 있지 않다. 장차 그곳에 돌아가는 것이 우리의 간절한 소망이다. 죄로 인해 우리는 본래의 집과 운명에서 쫓겨났다. 존 스토트의 말처럼 모든 그리스도인은 "나그네와 유배자로 지상을 사는 천국 시민이요 천성을 향해 가는 순례자"다.

이 세상의 삶을 유배로 보는 개념에서 두 가지 중요한 주제가 생겨난다. 둘 다 우리가 처한 상황에 의미를 던져 준다.

1. 유배란 우리가 고국에 살고 있지 않다는 뜻이다. 이 세상은 우리의 집이 아니다. 우리의 참 운명은 다른 곳에 있다.
2. 유배자의 삶에 활기가 돌게 하는 가장 강력한 힘 중 하나는, 언젠가 집에 돌아간다는 생각이다. 이 희망이 삶에 목표의식을 준다.

그렇다면 유배의 이정표란 무엇인가? 신앙여정에 세워진 이 표지판의 중요성을 충분히 이해하려면 유배라는 주제가 신구약 성경에 어떻게 전개되는지 살펴볼 필요가 있다. 하나님 백성의 역사에 발생한 가장 충격적 사건 가운데 하나는 예루살렘 성이 주전 586년 바벨론 침략군에게 함락된 일일 것이다. 도시의 방벽과 주요 건물들이 파괴됐고 많은 주민들이 바벨론에 포로로 끌려갔다. 이렇게 시작된 유배의 세월은 주전 539년 바벨론 군대가 페르시아에게 무너진 후에야 끝난다.

이렇듯 유배는 한 세대 이상 지속됐다. 포로로 끌려간 많은 이들은 살아생전 고국에 돌아가지 못했다. 바벨론 포로기간 중 태어난 이들도 많았는데, 그들이 알고 있던 예루살렘은 부모들이 귀엣말로 주고받던 기억 전부일 뿐이었다. 그들에게 예루살렘 귀향은 간절히 바라면서도 감히 꿈꿀 수 없는 일이었다. 시편 137편을 읽으면 말할 수 없는 슬픔과 비감을 맛보지 않을 수 없다.

> 우리가 바벨론의 여러 강변 거기 앉아서 시온을 기억하며 울었도다. 그중의 버드나무에 우리가 우리의 수금을 걸었나니 이는 우리를 사로잡은 자가 거기서 우리에게 노래를 청하며 우리를 황폐케 한 자가 기쁨을 청하고 자기들을 위하여 시온 노래 중 하나를 노래하라 함이로다. 우리가 이방에 있어서 어찌 여호와의 노래를 부를꼬.

구약의 위대한 선지자들은 유배기간을 두 가지 관점에서 보았다. 첫째, 그것은 이스라엘을 향한 **심판**이었다. 하나님의 백성이 그분을 잊고 떠났다. 그들은 온갖 이방 풍습에 빠졌다. 유배는 죄의 직접적 결과였다. 아담과 하와가 죄로 말미암아 에덴에서 쫓겨난 것처럼 하나님의 백성도 사랑하는 예루살렘에서 쫓겨났다. 둘째, 그것은 **회개와 갱신**의 기회였다. 강압적 유배기간은 하나님의 백성에게 자기 성찰과 자백과 소생의 기간이었다. 하나님 백성으로서 자신들의 독특한 정체를 재발견하고 되찾을 수 있는 기회였다.

이렇듯 유배기간은 묵상의 기회, 정체감과 바른 시각을 되찾을 기회였다. 이 주제가 우리 개개인의 신앙여정에 얼마나 중요한지 깨달을 필요가 있다. 그러기 위해서는 유배의 개념을 **이해**하는 정도로 그쳐서는 안되고 유배가 가져다 주는 정서적 회오리를 **경험**해야 한다. 이스라엘의 유배 경험 속으로 들어가 그것이 내 생각과 감정에 미치는 영향을 살펴봐야 한다. 그러므로 지금부터 그것이 여정의 이해에 얼마나 도움이 되는지 알아보자.

당신이 평생 예루살렘 성내에 살아온 유대인이라고 상상해 보라. 시편기자처럼(시편 87편 참조) 당신도 그곳 건축물과 역사를 큰 자랑으로 여긴다. 여호와의 성전은 그 지역 건축물의 불가사의 가운데 하나다. 성벽은 난공불락으로, 예루살렘 거민은 거기에 대단한 자부심을 느낀다. 위대한 왕 다윗과 솔로몬이 거기서 다스렸다. 장차 메시아가 성벽 내에서 태어날 것이다. 그런 도시에 사는 당신의 특권의식을 상상해 보라.

그러던 어느 날 이방 군대가 다가와 성을 포위한다. 온 거민은 그들이 물러갈 것을 바라고 기도하지만 그들은 떠나지 않는다. 마침내 그들은 방벽을 부수고 쏟아져 들어온다. 도시를 약탈하고 성전과 성벽을 파괴한다. 눈앞에 그런 일이 벌어지는 것을 보며 당신이 느낄 분노와 절망과 참담한 심경을 떠올려 보라. 파괴된 것을 복구하려면 평생이 걸릴 것이다.

그 정도는 약과다. 침략군은 대다수 거민을 끌어 모아 동쪽으로 몰고 간다. 예루살렘의 폐허가 점차 아득히 멀어지다 마침내 시야에서 사라진다. 다시는 고국 땅을 밟지 못할지 모른다는 생각이 든다. 예루살렘 백성들이 조국을 떠나며 느꼈을 감정들과 강제로 바벨론에 살며 귀향을 사모하던 마음이 당신 가슴에도 느껴지는가?

당대의 기록을 읽으며 우리는 그들의 절망과 낙심과 동경을 어느 정도 느낄 수 있다. 거기 두 가지 주제가 나온다. 둘 다 우리의 상황에 시사하는 바가 있다.

- 예루살렘 백성들은 절망과 향수가 뒤섞인 마음으로 뒤돌아본다. 사랑하는 도성을 회상한다. 그곳에 돌아갈 날을 사모한다. 지난날의 추억을 되새긴다.
- 그들은 언젠가 조국에 돌아가 파괴된 예루살렘 성을 재건할 희망으로 앞을 내다본다.

여기 우리가 앞서 2장에서 살펴본 독특한 틀이 있다. 바로 **기억과 기대**다. 이 틀은 우리의 상황을 이해하는 데도 도움이 된다.

- 우리는 지금 유배 상태다.
- 우리는 귀향의 소망 속에 살아간다.

어거스틴이나 C. S. 루이스 같은 많은 기독교 작가들의 말처럼 우리에게는 그리움, 에덴으로 돌아가려는 그리움이 있다. 이 그리움은 사실 과거에 대한 기억이다.

본향을 떠나 있다는 이 주제가 바울의 빌립보서에 등장한다. 그는 독자들에게 이렇게 선포한다. "오직 우리의 시민권은 하늘에 있는지라. 거기로서 구원하는 자 곧 주 예수 그리스도를 기다리노니"(빌 3:20). 바울이 사용한 이미지는 강한 연상작용을 일으켜, 빌립보 독자들이 금세 이해하고 깨달았을 것이다. 왜인가? 바울이 편지를 쓸 당시 빌립보는 로마 식민지였기 때문이다. 빌립보는 마게도냐 내의 전략적 위치로 인해 군사적 요충지가 되었다. 수많은 로마 병사들이 그 도시를 거쳐 갔다. 그뿐 아니라 민간 로마인들도 아주 많았다. 빌립보는 언어(헬라어보다 라틴어가 더 널리 통용된 것으로 보인다)와 법률을 포함해 로마와의 연줄을 자랑으로 알았다. 빌립보 시민생활의 많은 분야에서 로마의 제도가 모델이 됐다.

바울은 교회가 "천국의 식민지"라는 이미지를 사용해 그리스도인 실존의 몇몇 중요한 측면을 도출한다. 기독교 공동체를 그렇게 표현한 것은 곧 독자들에게 기독교 교회를 이방 나라에 있는 천국의 거류지로 보라는 당연한 권고다. 주변 세상은 다른 언어를 쓰고 다른 법에 복종하지만, 거류지는 본국의 언어로 말하며 본국 법에 지배받는다. 거류지의 제도는 본국의 제도에 기초한다. 어느 날 거류지 시민들은 본국에 돌아가, 시민권에 부여된 모든 특권과 권리를 누릴 것이다. 그리스도인의 시민권은 하늘에 있다. 거기가 어느 날 우리가 돌아갈 본국이다.

이 이미지는 그리스도인의 삶에, 특히 천국의 현재성과 미래성 사이의 긴장에, 그리고 문화의 아웃사이더처럼 세상 안에 살되 세상에 속하지 않은 복잡 미묘한 심경에 새로운 차원의 의미와 품위를 더해 준다. 빌립보의 로마인들은 마게도냐 "안에" 있되 마게도냐에 "속하지는" 않았다고 할 수 있다. 언젠가는 본국에 돌아갈 로마인임을 스스로 알았던 것이다. 빌립보에 살면서도 그들 마음은 완전히 로마에 가 있었다.

이렇듯 우리는 자신을 이 세상의 유배자로 생각할 수 있다. 아담과 하와가 죄로 말미암아 에덴에서 축출된 것처럼 우리도 본국에서 추방됐다. 그러나 귀향의 소망이 있다. 바울이 빌립보 교인들에게 일깨운 것처럼, 우리의 시민권은 천국에 있어 우리를 집으로 데려가실 구주를 간절히 기다린다. 본래의 자리로 돌아갈 때 얼마나 기쁠까. 우리 여정은 우리를 본향으로 데려간다. 거기서 마침내 우리는 안식을 누린다.

우리는 세상의 나그네요 고국을 떠난 유배자다. 이제 이 문제로 씨름한 사람과 다시 히치하이크를 할 때가 됐다.

히치하이크: 캔터베리의 안셀름과 함께

중세시대는 기독교 영성저작에 괄목할 만한 성장을 보였다. 이 시기의 가장 중요한 작가 중 한 사람은 캔터베리의 안셀름(Anselm of Canterbury, 약 1033-1109)이다. 안셀름은 이탈리아 북부 롬바르디의 아오스타에서 태어났으나 결국 프랑스에 정착했다. 1059년 그는 노르망디의 벡(Bec) 수도원에 들어가 1063년에 부원장, 1078년에 원장이 됐다. 1093년에 안셀름은 캔터베리 대주교가 됐다. 노르망디의 윌리엄 1세는 1066년 영국을 침공해 영국 교회와 정부 요직에 노르망디 사람들을 배치하느라 바빴다.

안셀름은 그 직위에 따른 업무를 기쁘게 여기지 않았다. 지금은 주로 그의 저작으로 기억되고 있다. 그중 두 권을 따로 언급할 필요가 있다. 「독백」(*Monologion*, 1078)은 하나님에 대한 긴 묵상이다. 하나님의 존재에 대한 존재론적 변증으로 알려진 내용도 거기 들어 있다. 논문 '하나님이 인간이 되신 이유'(Cur Deus homo, 1098)는 그리스도의 죽음과 성육신의 필요성을 매우 설득력 있게 논술한 글이다. 그러나 사람들은 안셀름을 신앙 상담자로도 많이 찾아, 신앙 지도를 내용으로 한 그의 기도문과 서간문이 많이 남아 있다. 이런 글들은 묵상의 색채가 깊어 독자들을 기독교 신앙에 대한 깊은 묵상으로 끌어들인다.

안셀름의 '그리스도께 드리는 기도'에는 지상 유배가 끝나는 날 하나님을 뵙고 싶어하는 마음이 표현돼 있다. 이 기도의 취지가 "하나님을 사랑하도록 독자들의 마음을 깨우는" 데 있다고 밝힌 안셀름은, 따라서 이 글을 "시끄러운 데서 읽지 말고 조용히 읽어야 하며 대충 서둘러 읽지 말고 깊이 묵상하며 조금씩 읽어 나가야" 한다고 당부한다. 그러니 아래 기도를 읽을 때 이미지를 흡입하면서 천천히 읽으라. 안셀름이 이성과 감정을 고루 사용하고 있는 데 주목하라. 기도의 대상은 하나님 자신이다.

> 주님께 목마릅니다. 주님께 배고픕니다. 주님을 갈망합니다. 주님을 애타게 그립니다. 주님을 사모합니다. 저는 자애로운 아버지의 존재를 잃어버린 고아와 같습니다. 울고 통곡하며 전심으로 그리운 얼굴에 매달리고 또 매달리는 고아와 같습니다…. 흔들리지 않는 믿음으로 이 모든 것을 붙듭니다. 유배의 고생을 인해 웁니다. 주님의 강림에만 제 위안과 소망을 둡니다. 영광스런 주님의 얼굴을 묵상하며 간절히 사모합니다.

기도는 하나님을 갈망하는 영혼의 애절한 고백으로 시작된다.

앞부분의 각 동사에 얼마나 그리움과 허전함이 배어 있는지 보라. 하나님의 위로의 임재가 없이는 우리는 철저히 공허하며 만족이 없다. 갈망 이미지의 집약적 효과는 바로 그 점을 부각시킨다. 하나님을 간절히 사모하는 자신의 마음을 깨달을 때 우리는 그분의 임재 안에 있기를 소원하며, 그분의 빛나는 얼굴에 젖어 기뻐할 수 있다.

하나님을 사모하는 마음은 "고아"와 "유배"라는 두 가지 분리 이미지로 보충된다. 각각 그 **이성적 내용을 이해하고 정서적 파장을 경험해야** 한다.

고아 이미지는 우리로 "자애로운 아버지의 존재를 잃어버린" 아이의 딱한 처지를 생각하게 한다. 사랑과 돌봄의 친숙했던 존재가 이제 고통스런 부재로 바뀌었다. 아이는 아버지를 다시 보고 싶어 하며, 그 희망 속에 살아간다. 그러나 지금은 슬픔과 눈물뿐이다. 아이는 아버지의 자애로운 얼굴을 잃고 운다. 아이는 과거의 기억과 미래의 희망 사이의 정서적 간극에 매달려 살아간다.

"유배의 고생"도 비슷한 주제와 얽혀 있다. 안셀름은 하나님을 사모하는 마음을 지적하며 분리의 고통을 일깨운다. 하나님의 임재 안에 들어와 그분의 놀라운 얼굴을 묵상할 때에만 이 고통과 슬픔은 사라진다. 그러나 안셀름은 자기 연민에 빠지지 않는다. 하나님께 대한 그의 갈망은 본향에서 유배된 결과다. 어느 날 유배는 끝나고 그는 하나님의 임재 안에 들어갈 것이다. 따라서 하나님을 갈망하는 그의 경험은 세 가지 방식으로 해석된다. 이 셋은 서로 다르면서도 분명히 연관성이 있다.

1. 우리의 현 상황은 고아나 유배자의 상황이다. 하나님을 아는 온전한 지식에서 분리되고 끊어진 상황이다. 우리는 분리의 고통을 느낀다.
2. 유배 상황이라는 인식을 통해 우리가 세상에 있되 세상에 속하지 않은 자임을 실감할 수 있다. 세상은 우리의 고국이 아니라 유배지다. 세상의 아름다움을 누리고 이곳을 더 나은 곳으로 만들기 위해 애쓰면서도 동시에 우리는 세상 너머를 바라봐야 한다. 우리는 영구 거주자가 아니라 이 땅의 나그네다.
3. 이런 인식은 우리로 앞날을 내다보게 한다. 마침내 하나님의 찬란하고 영광스런 임재 안에 들어가 그분의 얼굴을 뵐 날을 간절히 고대하게 한다.

안셀름은 우리가 소망 중에 계속 여행할 수 있도록 현 상황의 이해를 돕는다. 우리가 구하는 기쁨과 경이는 절대 여행중에 얻을 수 없다. 길가는 동안은 그것을 반가이 기대할 뿐이다. 하지만 우리는 여행 끝에 무엇이 기다리고 있는지 확실히 알기에 더욱 간절히 그것을 사모한다.

이렇게 길동무 안셀름의 통찰에 힘입어 우리는 다시금 광야에 들어선다.

2. 실패의 광야

신앙에 인내가 부족한 이들이 많다. 우리가 초대받은 여정은 장거리이며 그 열매도 먼 훗날에야 맺힌다. 우리가 배워야 할 가장 어려운 교훈은 인내다. 하나님의 시계(時計)는 우리의 일정과 데드라인을 고려하지 않는 듯 보인다. 그것이 삶의 현실이다. 하나님이 내 방식에 맞춰 주시기를 바랄 것이 아니라 내가 하나님 방식에 맞춰야 한다.

그 점을 가르치시려 예수는 은밀히 자라는 씨앗 이야기를 들려주셨다(막 4:26-29). 일단 씨를 뿌리면 씨는 시야에서 사라진다. 땅 밑에서 발아해 자라고 있음에도 땅 위에 있는 우리의 제한된 시각에는 보이지 않는다. 자라던 싹이 마침내 땅을 뚫고 나와 그 존재를 세상에 알린 후에야 우리는 여태까지 씨앗이 은밀히 자라고 있었다는 사실을 실감할 수 있다.

마찬가지로, 복음의 씨앗도 우리 삶에 싹을 틔우기까지 오래 걸린다는 사실을 우리는 직시해야 한다. 영적 성장에는 보이지 않는 침묵과 어둠의 긴 시간이 있다. 우리는 거기에 익숙해져야 한다. 그것이 하나님 쪽의 약함이나 실패나 책임 부족이나 무관심을 뜻하지 않음을 인식해야 한다. 13세기, 토마스 아퀴나스가 지적한 대로 하나님은 우리를 느긋하게 다루시는 듯한데, 그것은 그분 쪽의 결함 때문이 아니라 그분이 상대하셔야 하는 인간의 약하고 타락한 본성 때문이다.

애굽에서 가나안에 이르는 이스라엘 백성의 긴 여정에는 성공 못지않게 실패도 많았다. 홍해를 건너고 약속의 땅에 입성했지만 위대한 승리 옆에는 실패가 함께 있다. 하나님을 못 믿은 실패도 있었다. 인간의 결점이 하나님 백성을 갈라놓고 기죽이고 멸하려 위협한 적도 있었다. 이스라엘의 광야생활을 믿음과 순종만의 시기인 것처럼 미화하지 않는 것이 중요하다. 성경에 기록된 대로, 이스라엘의 행동에는 미진한 점이 많았다. 우리는 그들의 약점과 결점을 극히 현실적으로 봐야 한다. 왜?

우리도 똑같은 약점과 결점이 있기 때문이다.

실패보다 더 우리를 낙심케 하는 것은 많지 않다. 사실 실패는 광야 경험 전반의 가장 근본요소 가운데 하나다. 실패의 영향은 엄청

날 수 있다. 실패한 자들은 자신이 하나님 일에 하등 무가치한 무용지물로 느껴질 때가 많다. 그들은 길가에 주저앉아 여행을 그만두고 싶은 유혹에 빠진다. 그들에게 여행은 끝났다. 계속 걸어 뭐할 것인가?

그러나 하나님의 백성들도 그곳을 지났다. 그리고 실패와 실패에 대한 반응을 둘 다 이겼다. 베드로가 단적인 예다. 우리는 그의 사연에 최대한 신중을 기해야 한다.

장면은 예수께서 제자들과 함께 감람산으로 가시던 중 발생한다. 마지막 저녁식사가 끝났다. 예수는 다음 있을 일에 제자들을 준비시키신다. 그분이 배반당하고 체포되어 십자가에 달리실 일이다. 그분은 제자들의 변절도 예고하신다. 그들은 난관을 견디지 못할 것이다(막 14:27-31). 베드로는 몹시 화를 낸다. 그는 **절대** 예수를 버리거나 배반하지 않을 자신이 넘쳤다. 그러나 진상을 아시는 예수께서는 베드로가 바로 그날 밤 세 번 그를 부인할 것을 말씀하신다.

베드로를 비난하기는 쉽다. 그러나 우리는 그의 세계로 들어가, 그에게 정말 시련을 견딜 자신감이 있었음을 이해해야 한다. 그는 사태가 얼마나 험해질지 몰랐을 것이다. 베드로가 부인하는 기사를 읽으며 우리는 슬픔과 수치를 함께 느낀다(막 14:66-72). 예수를 세 차례나 부인한 후 베드로는 사태를 깨닫고 통곡했다. 이보다 큰 실패가 있을 수 있을까?

분명 베드로는 예수를 저버렸다. 그분을 철저히 실망시켰다. 이런 엄청난 실패 앞에 이제 그에게 어떤 희망이 있을까? 베드로야말로 하나님 일에 전혀 무가치한 자가 아닐까?

그것이 자연스런 결론이리라. 그러나 그것은 하나님의 능력과 은혜를 감안하지 않은 결론이다. 다 알다시피 베드로는 실패를 극복하고, 기독교 신앙의 가장 중요한 확장시기에 사도들과 교회를 이끌었다. 요한복음에 보면 예수께서 베드로에게 따로 세 차례나 같은 질문을 던지신다(요 21:15-19). "네가 정말 나를 사랑하느냐?" 베드로는 그때마다 강도를 더해 가며 그렇다고 답한다. 세 번의 대답 하나하나에 그는 이전에 예수를 부인했던 기억을 하나씩 떨쳐 버린다. 베드로는 64년경 로마에서 순교한 것으로 알려져 있다. 그는 다시는 예수를 부인하지 않았다.

우리는 모두 이 경험에서 배울 수 있다. 그리고 희망을 얻을 수 있다. 우리는 너무 순진하고 비현실적이라 실패할 수 있다. 사태가 얼마나 악화될지 몰라서 실패할 수 있다. 그러나 우리가 상대하는 분은 우리의 약점을 아시는 은혜와 용서의 하나님이다. 실패할 때—안타깝지만 기정사실이다—우리는 하나님이 다시 일으켜 주시도록 인내함으로 기다려야 하며, 그분의 일에 다시금 자신을 드려야 한다. 하나님은 실패를 인정한 자들을 받으셔서 그들을 통해 큰일을 이루시는 데 이력이 화려하신 분이다. 어쩌면 실패할 때 우리는 하나님의 은혜를 가장 잘 받아들인다.

바울은 이 교훈을 힘겹게 배워야 했다. 그는 하나님이 "육체의 가시"로 자신을 낮추셨다고 고백한다(고후 12:1-10). 아마도 질병이었을 텐데, 그것 때문에 그는 일부 선교사역을 계획대로 추진할 수 없었다. 그는 자기 힘을 믿지 않고 하나님을 의지하는 법을 배워야 했다. 연약함 중에 그는 하나님께 이런 말씀을 받았다. "내 은혜가 네게 족하도다. 이는 내 능력이 약한 데서 온전하여짐이라." 실패는 우리의 약점을 보여주며 하나님의 능력을 발견하게 한다.

이제 우리 대화에 또 다른 목소리를 불러들여 그의 지혜로 깨우침을 받을 때가 됐다. 우리와 함께 걸으며 자신이 어렵게 터득한 지혜를 들려줄 길동무를 반기자.

히치하이크: 알렉산더 맥클래런과 함께

알렉산더 맥클래런(Alexander MacLaren, 1826-1910)은 19세기 스코틀랜드의 가장 위대한 설교자 가운데 한 사람이다. 그러나 그의 사역 전부는 사실상 영국에서 이루어졌다. 글래스고에서 태어난 맥클래런은 1845년 잉글랜드 남부에서 사역을 시작했다. 그는 사우샘턴 항구의 다소 허름한 건물인 포틀랜드 채플에서 12년 넘게 목사로 섬겼다. 사역 초기에는 눈에 띄지 않았지만 머잖아 그의 설교에 대한 소문이 퍼져 나갔다. 1858년 그는 북부의 대형 산업도시 맨체스터의 가장 크고 유명한 유니언 채플에 목사로 초빙됐다. 그는 40년 넘게 그곳에 있다가 1903년 6월 마지막 설교를 전했다.

맥클래런의 사역은 사실상 전적으로 설교에 집중됐다. 맨체스터 시절 큰 무리가 그에게 모여들었다. 설교를 준비할 때마다 개요를 꼼꼼히 적긴 했지만, 처음에 그는 설교를 출간할 뜻이 전혀 없었다. 그러나 맨체스터의 한 교인이 그의 첫 설교 시리즈를 간략히 필기했다가 정리하여 책으로 펴냈다. 반응은 선풍적이었다. 1903년 은퇴 후 맥클래런은 설교 노트를 보충해 32권의 강해 설교집을 펴냈다.

최고의 설교 가운데 하나는 요한복음 16:33 "담대하라, 내가 세상을 이기었노라"를 강해한 것이다. 맥클래런은 이 말씀이 패배의식에 젖어 있는 자들에게 중요한 의미가 있다고 보고, 설교제목을 '실패 중의 승리'로 붙였다. 맥클래런에게 실패란 성장의 잠재 기회였다. 우리는 제 힘을 믿을 때가 너무 많지만 실은 하나님이 주시는 힘을 의지하는 법을 배워야 한다. 정작 실패한 자들을 오히려 성공한 자로 볼 때는 또 얼마나 많던가. 세상을 정복한 듯 보이는 자들이 실은 세상에 정복당한 자다. 맥클래런은 유명한 비유로 그 점을 설명한다.

기억나십니까? 옛날에 포로를 잡았다고 큰소리친 한 병사가 있었습니다. 장교가 "포로를 데려오라"고 하니 병사는 "안 오려고 합니다"라고 대답합니다. "그럼 너라도 와"라는 명령에 병사의 답은 "그자가 안 보내 줍니다"였습니다. 많은 성공했다는 사람들의 승리가 바로 그런 것입니다. 그들은 처음의 고상한 비전은 온데간데없이 족쇄에 꽁꽁 묶인 채 비웃음의 대상이 돼버렸습니다.

우리는 실패를 세상 기준으로 규정할 때가 너무 많다. 세상이 말하는 실패가 하나님 보시기에는 면류관일 수 있음을 깨달아야 한다. 우리가 생각하는 "성공"과 "실패"를 내 시각이 아닌 하나님 시각으로 보아야 한다.

그리스도의 십자가가 단적인 예다. 세상은 그리스도의 십자가 죽음을 실패로 여겼지만, 사실 그것은 세상을 이긴 승리였다. 맥클래런은 우리가 이 중요한 통찰에서 배워 담대해져야 한다고 역설한다. "문제를 이기는 길은 문제를 통과하는 것입니다. 십자가를 이기는 길은 십자가를 기꺼이 어깨에 지는 것입니다." 그리스도는 세상을 이기셨다. 우리도 그 승리에 동참한다.

본문을 다시 보십시오. 그 앞의 문맥을 보십시오. 바로 앞에서 우리 주님은 이렇게 말씀하십니다. "너희로 내 안에서 평안을 누리게 하려 함이라. 세상에서는 너희가 환난을 당하나." 그렇습니다.

그리스도인은 두 영역에 거한다고 할 수 있습니다. 하나는 세상 속이고 하나는 그리스도 안입니다. 세상에는 고통과 시련과 유혹이 가득합니다. 그리스도는 사나운 바다에 떠 있는 섬 한복판의 외딴 골짜기 같습니다. 거기는 바람이 없고 온통 평안뿐입니다. 그리스도 안에는 평안이 있고 세상에는 환난이 있습니다.

실패의 고통과 슬픔을 경험하는 자들은 십자가를 바라보며 그리스도 안에서 위로와 안위를 얻어야 한다.

당신의 죄를 위해 희생제물 되신 그분을 의지하십시오. 당신 삶의 힘이 되시는 그분을 바라보십시오. 모본과 귀감으로만 아니라 능력으로 바라보십시오. 그분을 생각하되 나를 위해 십자가에 죽으신 분으로만 아니라 내 안에 살아계신 분으로 생각하십시오. 그러면 알게 됩니다. 그분이 이기셨으며 그 이김이 나를 위한 것임을 반드시 알게 됩니다…. 그러니 담대하십시오. 당신은 싸워야 합니다. 그것을 인해 하나님께 감사하십시오. 당신은 싸워야 합니다. 예수님 없이 세상을 정복하려 하면 반드시 집니다. 그러나 믿음으로 하나님의 어린양께 당신의 손을 얹고 성령의 승리하시는 능력에 당신의 마음과 삶을 열어 드리면 그분이 당신을 그분의 싸움과 승리에, 왕의 안식에 동참케 하십니다.

그렇다면 맥클래런이 우리에게 주는 도전과 권면은 무엇인가? 그는 우리의 실패 개념이 복음의 가치와 주제가 아닌 세상 기준에 근거한 것임을 인정하라고 도전한다. 그리스도의 영을 따랐어야 할 우리가 시대 풍조에 노예가 됐다. 실패에 대한 우리의 태도가 그것을 보여준다. 맥클래런이 우리에게 주는 최고의 도전은 실패를 보는 눈을 재고하라는 주문일 것이다. 우리는 세상적 시각으로 실패를 무조건 부정적으로 볼 때가 많다. 맥클래런에게 실패는 영적 성장의 열쇠다. 어제의 실패는 오늘의 성장 기회요 내일의 성공으로 이어진다. 그렇다면 우리는 자신의 약점을 인식하고 나 자신이 아니라 하나님을 의지해야 할 필요성을 주지해야 한다.

신앙여정을 걷는 동안 우리는 실패를 만나게 되어 있다. 나 자신의 실패도 있고 남들의 실패도 있다. 그럴 때 우리는 실패에 맞서야 하지만 동시에 실패를 통해 배워야 한다. 길가는 동안 계속 배워야 한다. 우리를 그토록 사랑하시는 하나님에 대해, 그리고 나 자신에 대해 더 배워야 한다. 존 칼빈은 참된 지혜란 하나님을 알고 나를 아는 것이라 말했다. 길을 가면서 우리는 자신을 더 알게 된다. 이전에 몰랐던 장점과 단점이 보인다. 맥클래런은 우리에게 이런 약점을 파악하여 성장의 거점과 희망의 기초로 삼으라고 말한다.

이렇듯 맥클래런은 우리에게 그리스도의 약속을 믿을 것을 권하며, 세상이 실패로 치부한 승리에 우리도 믿음으로 동참할 것을 일깨운다. 그의 설교는 다음 도전의 말씀으로 끝난다. 광야길 가는 우리에게 힘이 되기 바란다. "이기는 그에게는 내가 내 보좌에 함께 앉게 하여 주기를 내가 이기고 아버지 보좌에 함께 앉은 것과 같이 하리라"(계 3:21).

최종 목표를 일깨우는 이 말씀에 힘입어 우리는 앞으로 전진한다.

3. 안식의 오아시스

지친 길손들은 쉼이 필요하다. 황량하고 적막한 땅을 지나 먼 길을 힘들게 걷고 나면 누구나 휴식과 전환이 필요하다. 신앙여정에서 피곤이란 삶의 중요한 요소다. 우리는 피곤을 인정해야 하며, 아울러 우리 힘으로 피곤을 이겨 낼 수 없음도 인정해야 한다. 하나님은 은혜와 사랑으로 우리를 소성케 하시며 소망 중에 여행을 지속케 하신다.

인간의 피곤과 하나님의 소성케 하심이라는 이 주제를 우리는 구약의 위대한 예언적 환상 중 하나에서 볼 수 있다(사 40:29-31). 선지자는 예루살렘 백성들이 바벨론 포로생활에서 귀향할 것과 그때 경험할 피로를 내다본다. 그러나 그 피로와 나란히 그는, 하나님이 온유한 손길로 그들에게 새 힘을 주실 것을 본다.

> 피곤한 자에게는 능력을 주시며 무능한 자에게는 힘을 더하시나니 소년이라도 피곤하며 곤비하며 장정이라도 넘어지며 자빠지되 오직 여호와를 앙망하는 자는 새 힘을 얻으리니 독수리의 날개치며 올라감 같을 것이요 달음박질하여도 곤비치 아니하겠고 걸어가도 피곤치 아니하리로다.

여호와를 앙망하는 자들에게 하나님이 새 힘을 주신다는 이 놀라운 비전은 우리에게 큰 위안과 확신을 준다.

그러나 우리 많은 이들은 쉼이나 휴식에 죄책감을 느낀다. 이런 태도의 결과는 애처롭고도 불가피하다. **쉬지 않는 자들은 탈진한다.** 대단한 의욕과 열기로 그리스도인의 여정을 시작하는 이들 중에는 곧 기력이 떨어져 더 이상 걸음을 지탱하지 못하는 자들이 많다. 그들은 자신의 정력과 힘으로 헤쳐 나갈 수 있다고 믿지만 실은 재충전의 필요성을 인정할 겸손이나 통찰이 없다.

우리는 왜 휴식에 죄책감이 들까? 쉬는 것이 잘못이라는 느낌은 어디서 온 것일까? 내 경우 한때 이렇게 생각한 적이 있다. 시간은 선하신 주님께서 주신 것이므로 한시도 쉬지 않고 일해야 한다는 생각이었다. 물론 나는 많은 일을 했다. 그러나 지쳤다. 더 중요한 것은 하나님과의 관계가 부실해졌다는 것이다. 하나님은 내 삶에서 밀려나고 있었다. 하나님을 위해 일한다는 생각에 사로잡혀 결국 그분과 함께 보내는 시간이 사라졌다. 너무 바빠 알아차릴 겨를도 없었지만 내 영적 생활은 부실해졌다. 뭔가 잘못됐다. 나는 일 중독의 악순환에 빠졌다. 다행히 나는 사태를 깨닫고 거기서 벗어날 수 있었다.

"나의 영혼이 하나님 안에서만 쉼을 얻음이여"(시 62:1, NIV). 하지만 우리 대부분은 하나님을 위해 일하느라 바빠서 정작 하나님이 우리를 위해 일하시기 원하심을 망각한다. 예컨대 우리 믿음을 소생시키시고 그리스도인의 삶에 대한 비전을 새롭게 해주시는 일 등이다. 우리 삶은 하나님께 공간을 내드릴 필요가 있다. 그렇지 않으면 필시 너무 바쁜 나머지 하나님을 밀쳐 낼 것이다. 하나님 임재의 광채를 누릴 겨를도 없을 만큼 바쁘다면, 그것은 하나님을 욕되게 하는 것이다. 창조 작업을 마치고 쉬신 하나님께서 우리도 그 쉼에 동참하도록 부르신다. 그 사실을 기억하면 힘이 된다. 안식일을 지키라는 명령은(출 20:8-11) 바쁘게 사는 자들이 도외시해도 되는 부칙이나 선택사항이 아니다. 그것은 다른 계명들과 똑같이 중요하며, 우리로 하나님께 공간을 내드리고 그 임재로 새 힘을 얻게 하고자 주신 계명이다. 그냥 두면 우리는 절대 그렇게 하지 않는다.

이전의 나처럼 당신도 쉼에 죄책감이 든다면 다음 생각들이 도움이 될 것이다.

- 우리는 다 하나님을 섬기기 원하며 그분이 원하시는 일을 하고 싶어한다. 교회 임원이 되고 회의에 참석하고 기사를 쓰는 일 따위는 다 하나님께 유용할 것이다. 그것을 부인할 사람은 아무도 없다. 그러나 그 중요도는 사실 부차적이다. **하나님은 우리가 그분과 충실한 시간을 보내기 원하신다.** 우리는 왜 하나님을 위해 일하는데 강박적으로 매달리는가? 그 일들이 우리를 하나님의 임재에 들어서지 못하게 하고 그분께 집중하지 못하게 하는데도 말이다. 하나님이 원하시는 일을 하려 할진대 우리는 그분께 공간을 내드려야 한다. 신앙활동과 교회봉사가 실제 하나님과 나 사이에 장애물이 되지 않도록 조심해야 한다.

- 예수께서 마리아와 마르다를 만나셨던 그 유명한 장면을 생각해 보라(눅10:38-42). 예수께서는 두 자매와 함께 시간을 보내려 하셨다. 마리아는 그분의 임재 안에 있는 감격을 누리며 그분 발아래 앉아 말씀을 들었다. 마르다는 아무 때나 할 수 있는 집안일로 너무 정신없어 주님과 함께 있지 못했다. 예수께 정말 중요한 것은 함께 있는 것이다. 우리도 다 가정과 직장 등에 "집안일"이 있다. 그것이 우리를 주님과 충실한 시간을 보내지 못하게 막을 수 있다. 어찌할 것인가?

- 우리는 하나님께 최선을 다하며 힘을 다해 그분을 섬기기 원한다. 그러나 열정과 기력과 헌신을 잃으면 하나님께 드리는 섬김의 질

이 크게 저하된다. 하나님을 제대로 섬기려면 그분이 우리의 헌신과 비전과 열심을 새롭게 해주셔야 한다. 하나님의 임재에 푹 젖어 들지 않고서야 어찌 그것이 가능하겠는가? 우리는 그분과 함께 시간을 보내며 그분의 영광과 광채와 사랑을 늘 새롭게 볼 줄 알아야 한다.

그러나 쉼이란 저절로 되는 것이 아니다. 우리가 **만들어 내야** 하는 것이다. 기독교 신앙의 가장 신기한 점 가운데 하나는 **안식이 훈련의 문제라는 것이다.** 언뜻 이것은 말도 안되는 역설처럼 들린다. 그러나 거기에는 흔히 간과되는 단순한 진리가 들어 있다. **우리는 휴식과 소생의 공간을 내야 한다.** 쉼은 저절로 오지 않는다. 우리가 계획하고 준비해야 한다. 장거리 여행을 계획할 때 신중한 여행자는 휴식시간을 잘 안배한다. 그렇지 않으면 집중력 상실과 탈진은 물론 부상이나 죽음까지도 불러올 수 있음을 알기 때문이다.

그렇다면 우리는 어떻게 하나님의 임재 안에 쉴 수 있을까? 어떻게 그분께 새 힘을 얻어 소생할 수 있을까? 다시 신앙여정의 길동무와 동승하여 이 점에 대해 배울 때가 됐다.

히치하이크: 수산나 웨슬리와 함께
이 구간의 길동무는 수산나 웨슬리(Susanna Wesley, 1669-

1745)다. 두 아들의 명성에 가려졌지만 수산나는 영적 분별력이 뛰어난 여인이다. 수산나는 신앙일기를 썼는데, 그 내용을 보면 그녀가 책을 많이 읽고 생각이 깊고 영적 통찰력이 예리한 여인임을 알 수 있다.

수산나는 1669년 1월 20일에 태어나 1689년 새뮤얼 웨슬리와 결혼해 그와의 사이에 열아홉 자녀를 두었다. 그중 살아서 어른이 된 사람은 열 명뿐이다. 가장 잘 알려진 아들은 물론 존 웨슬리와 찰스 웨슬리다. 둘은 18세기 영국 교회 복음화 부흥의 선도자가 됐다. 하지만 수산나 자신도 믿음이 깊고 신앙심이 독실한 여인이었다. 그녀의 삶은 쉽지 않았다. 새뮤얼 웨슬리는 걸핏하면 빚을 져 집안 살림을 어렵고 고달프게 만들었다. 열아홉 자녀를 돌보는 데 필요한 일용품만도 당시로서는 엄청난 짐이었다. 그녀는 간혹 진이 빠졌다. 그럼에도 그녀는 신앙 일기장에 묵상과 기도를 기록하면서 자신의 영적 필요를 용케 챙겼다.

수산나의 일기는 성숙한 영적 묵상과 실제적 지혜가 어우러진 명저다. 예컨대, 하나님께 순전히 철학적으로 접근하는 방법이 얼마나 빈약한 것인지 수산나는 이렇게 묵상했다.

오 주님, 이제야 알겠습니다. 철학자로서만 주님을 아는 것, 주님의 본질과 속성과 섭리에 대해 가장 고상하고 심오한 사색에 빠지는 것, 자연을 통해 주님의 존재를 설명할 줄 아는 것, 주님의 존재나 활동을 가장 점잖고 뛰어난 말솜씨로 강론하는 것 등이 우리에게 아무것도 가져다 주지 못함을 말입니다. 우리가 동시에 주님을 체험으로 알지 못하는 한, 주님이 우리의 최고선이요 유일한 복임을 마음으로 느끼고 알지 못하는 한 그렇습니다!

하나님을 **체험**하는 것은 수산나에게 필수였다. 아무리 하나님의 존재를 증명하거나 그분의 속성을 사색할 줄 안다 해도 하나님을 "체험으로" 알지 못하는 한 별 가치가 없었다. 여기 체험이란 영어 고어에서 '실험'이라는 말과 같다.

이 일기에 쉼의 주제가 자주 등장하는 것은 당연한 일일 것이다. 정신없이 바쁘고 재정적으로 쪼들리는 삶 속에서 하나님께 내드릴 공간을 찾는다는 것은 쉬운 일이 아니었다. 그러나 수산나는 분주한 삶의 와중에서 하나님께 공간을 내드리는 훈련이야말로 영적 안정과 인격적 만족에 필수임을 굳게 믿었다. 이것은 율법주의가 아니라 다만 묵상과 기도와 예배에 시간을 따로 뗄 필요가 있다는 자각이다.

수산나의 개인 훈련에는 일요일을 쉬는 날로 지키는 것도 포함됐다. 그날은 영적 소생에 육적 휴식이 동반됐다. 수산나에게 일요일이란 하나님이 바로 그런 취지로 만드신 "공간"이었고 즐겁고 유익하게 보내야 할 날이었다. 하나님이 하루를 구별하셨다는 사실은 율법이자 곧 은혜의 문제다. 안식일을 누리라는 명령은 그것이 우리와 하나님의 관계에 유익하기 때문에 주어진 것이다.

> 이날은 주의 지으신 날이니 제가 기뻐하고 즐거워합니다. 주께서 지으신 영혼들에게 인자하고 자비롭게 이레 중 하루를 베푸시니 만민의 영원하신 아버지께 영광을 돌립니다. 소란하고 어지러운 세상의 바쁘고 허둥대는 삶에서 물러나, 방해 없이 더 친밀하게 하나님께 집중하는 낙을 주시니 이것은 곧 저희의 행복이자 의무입니다. 오 복된 선물이여! 가장 행복한 날이여!
>
> 주님, 제 삶의 일곱째 날을 주님께 드리며, 주님의 무한한 사랑과 선을 이루 다 찬미할 수 없습니다. 이 성스러운 시간이 주님을 섬기는 데 소용되게 하소서. 이날 마땅히 주님께 드릴 영광과 찬양을 쓸데없고 무익한 헛된 말이나 생각에 절대 빼앗기지 않게 하소서. 이날의 직무를 충실히 수행함으로 마땅히 누려야 할 귀한 축복과 유익을 제 영혼이 절대 잃지 않게 하소서.

수산나가 쉼을 "행복이자 의무"로 보고 있는 데 주목하라. 쉼을 통해 그녀는 "소란하고 어지러운 세상의 바쁘고 허둥대는 삶에서 물러나, 방해 없이 더 친밀하게 하나님께 집중하는 낙"을 누릴 수 있었다.

우리는 신앙여정 중 하나님과 함께 보낼 시간을 확보해야 한다. 수산나는 우리에게 그 훈련에 혼신을 다할 것을 촉구한다. 이것은 훈련이라는 신약의 중요한 주제에 대한 충실한 묵상이다. 바울에게 그리스도인의 삶은 단순한 여정이 아니라 승자들만 면류관을 얻는다는 부담 속에 달리는 힘겨운 장거리 경주였다(갈 2:2; 딤후 4:7 참조). 히브리서도 같은 이미지를 사용해, 오직 예수만 바라보며 인내로써 삶의 경주를 경주할 것을 독자들에게 권한다(히 12:1-2). 이 이미지를 통해 바울은 그리스도인의 삶에서 훈련의 중요성을 강조한다.

수산나에게 이 이미지의 의미는 분명하다. 신앙여정에는 한편으로 건강한 몸과 또 한편으로 쉼과 회복의 시간들이 필요하다. 수산나의 도전대로 우리는 쉼이란 나쁘고 부끄러운 것이라는 죄책감을 버리고 보다 성격적인 사고를 회복해야 한다. 쉼이란 우리와 하나님의 관계를 깊어지게 하기 위해 그분이 요구하시는 훈련이다.

우리 중에는 결과가 분명한 일―우편물 처리, 정원 손질, 집안일, 교회 집회 참석 등―을 하고 있지 않을 때 죄책감을 느끼는 이들이 많다. 그러나 수산나는 우리에게 일깨운다. 하나님과 함께 보내는 시간은 사치품이자 필수품이며, 그 자체로 기쁨이자 하나님을 더 잘 섬기도록 우리를 무장시켜 준다.

이 생각에 도전과 격려를 얻어 이제 우리는 여정의 다음 구간으로 넘어간다.

셋째 여정

 존 번연의 「천로역정」(*Pilgrim's Progress*)은 "이 세상 광야를 지나는" 걸음으로 시작된다. 광야가 깊어질수록 이스라엘 백성은 사기를 잃지 않기가 점점 더 어려웠다. 약속의 땅은 머나먼 희망이었다. 그렇다고 익숙하고 편안한 애굽 땅으로 돌아가기에는 온 길이 너무 멀었다. 그들은 과거와 미래라는 두 세계에 끼여 광야를 살고 있었다.

만만한 상황이 아니다. 우리는 그들 중 아무도 약속의 땅을 본 적이 없다는 사실을 기억해야 한다. 가나안은 주께서 그들을 위해 예비하신 땅으로 저 앞에 놓여 있었다. 그러나 그 땅의 존재를 확실히 아는 자는 아무도 없었다. 반면 애굽을 기억하는 이들은 많았다. 그들은 그곳에 돌아갈 마음이 간절했다. 애굽에서 살아 본 편한 삶이

광야의 고생이나 저 앞에 있다는 미지의 땅보다 더 솔깃하게 다가오는 것은 당연한 일이었다.

그리스도인들도 동일한 긴장 속에 살아간다. 바울은 그의 독자들이 "천국 시민"이라고 못박아 말했다. 바울 자신이 큰 성 로마의 시민인 것과 마찬가지였다. 천국 시민이 된다는 것은 사실 큰 특권이다. 그러나 이스라엘 백성들이 앞에 약속의 땅이 정말 있는지 확실히 몰랐던 것처럼, 우리도 이 세상 지평 너머에 정말 천국이 있는지 궁금해질 때가 있다.

결국 우리는 소망 중에 길을 간다. 아브라함을 불러 본토를 떠나 가나안으로 가게 하신 하나님이(창 12:1-5) 우리도 부르셨다. 아브라함은 하나님을 의지하고 믿음으로 떠났다. 하나님의 미쁘심이 다른 모든 요인을 능가했다. 그 신실하신 주님이 우리도 부르셨고 신앙여정 내내 붙들어 주신다. 우리에게 이해가 안되는 것도 많고 더 자세히 알고 싶은 것도 많다. 그러나 결국 멀고 험난한 여정에 우리를 붙드는 것은 하나님의 전적인 신실함이다.

우리는 하나님의 미쁘심과 우리를 향해 넘치는 무한한 사랑을 떠올릴 필요가 있다. 그래서 지금부터 우리 길을 인도할 또 다른 이정표를 생각하려 한다.

1. 구속의 이정표

우리는 죄로 인해 본향을 떠나 유배 상태에 있다. 그렇다면 돌아갈 가망이 전혀 없는 것인가? 이 광야에 영원히 남아야 할 운명인가? 바로 이 시점에서 우리는 기독교 신앙의 가장 감격스럽고 놀라운 주제 가운데 하나를 생각한다. 그리스도를 통한 세상의 구속(救贖)이다. 신앙의 위대한 이정표들이 다 그렇듯이 이 또한 이해할 뿐 아니라 누리는 것이 중요하다.

세상의 구속을 이해하는 것은 쉬운 일이 아니다. 도대체 하나님이 우리 같은 자들을 구속하고 싶으신 이유가 무엇인가? 우리를 이토록 사랑하시는 까닭이 무엇인가? 인간의 어떤 노력으로도 얻을 수 없고 인간의 어떤 부도 살 수 없는 그 값진 선물을 우리가 무슨 자격으로 받는단 말인가? 하나님의 아들이 우리를 사랑하사 우리를 위해 자기 몸을 버리신(갈 2:20 참조) 까닭을 이해한다는 것은 어떤 면에서 불가능하다. **그러나 단순한 사실은, 그분이 그렇게 하셨다는 것이다.**

찰스 웨슬리(Charles Wesley)는 그리스도를 통해 나타난 하나님의 사랑에 대한 경이감을 유명한 찬송 '어찌 날 위함이온지'에 이렇게 표현했다.

> 하나님이 죽으신 신비
> 그 기묘한 뜻 알 자 없도다.
> 하나님의 깊으신 사랑
> 천사가 측량하려 하나 허사로다.
> 온 땅이여 찬송하라 그 자비
> 천사의 물음도 그치겠네.

한없이 큰 하나님의 사랑은 **실체**이면서도 우리 이해를 초월한다는 것이 가사의 요지다. 비록 다 이해할 수 없어도 우리는 그 사랑에 기뻐해야 한다.

그리스도의 십자가 죽음은 우리 유배의 종말을 뜻한다. 우리를 맞이하려 천국문이 활짝 열렸다. 그리스도의 죽음으로 우리의 천국 시민권이 확보됐다. 우리는 영원한 승리로 본향에 들어갈 것에 대해 안심해도 된다. 우리 죄가 사해졌고 속전(贖錢)이 지불됐다.

예수는 친히 "자기 목숨을 많은 사람의 대속물로 주려"(막 10:45) 오셨다고 선포하셨다. 대속물이란 사람을 풀어 주기 위해 치르는 돈이다. 이 개념은 그리스도의 죽음의 의미를 더 깊이 누리는 데 어떤 도움이 될까? 예수의 죽음이 속전이라는 개념에서 우리는 세 가지를 생각할 수 있다.

첫째, 누군가 속박된 사람이 있다. 자기 의지에 반해 포로로 끌려간 유명인사가 한 예다. 그의 자유는 요구된 속전을 선뜻 치러 줄 자에게 전적으로 달려 있다. 이스라엘은 애굽의 포로가 되어 자유를 갈망했다. 우리도 어둡고 음산한 옥에 갇힌 죄수처럼 죄에 매여 해방을 갈구한다. 맑은 공기와 햇빛이 있는 찬란한 세계로 나가고 싶어한다.

풀려날 여망이 없이 그렇게 속박된 상태를 상상해 보라. 당신에게 요구된 금액은 턱없이 많다. 누가 그 돈을 치르고 당신을 풀어 줄 것인가? 그 정도로 당신을 염려해 줄 사람이 누가 있을까? 당신이 누군가에게 정말 중요한 존재가 아닌 한 당신은 속박을 벗어날 수 없다. 당신 힘으로 할 수 있는 일은 아무것도 없다. 상황의 정서적 여파는 무지막지하다. 당신은 절망적이고 무력하다. 값을 치르고 구해 낼 만큼 당신을 사랑하는 이가 없다면 말이다.

여기서 대속물과 관련된 두번째 생각이 나온다. 포로를 풀어 주고자 치르는 돈이다. 석방될 포로가 중요한 사람일수록 요구 금액도 커진다. 우리를 향한 하나님의 사랑의 가장 놀라운 점 가운데 하나는 그분이 선뜻 엄청난 값을 치르고 우리를 풀어 주셨다는 것이다. 우리의 자유의 대가는 그분의 독생자의 죽음이었다(요 3:16). 생각해 보라. 우리는 하나님께 얼마나 중요한 존재인가! 세실 F. 알렉산더(Cecil F. Alexander) 여사는 자신의 가장 유명한 찬송 중 하나에 그것을 이렇게 표현했다.

그 흘린 보배 피로써
날 속량했으니
저 하늘 문을 여시고
날 인도하시리.

세번째 생각은 예수의 죽음과 부활이 해방을 준다는 것이다. 우리는 자유케 됐다! 신약에 기록된 대로 예수는 우리를 죽음의 두려움에서 풀어내(히 2:14-15) 하나님 자녀의 영광의 자유에 들이셨다. 찰스 웨슬리의 찬송 '어찌 날 위함이온지'에 그 고백도 들어 있다.

긴 세월 옥에 갇혀
죄의 밤에 묶였던 내 영

주의 광선에 깨어나니
온 천지가 광명이라.
사슬 벗고 자유 얻은 나
일어나 주를 따르네.

우리는 포로 상태에서 해방돼 영광의 길에 확실히 들어섰다. 우리의 구속자요 전위대인 그리스도께서 앞장서신다. 우리를 자유케 하신 그분이 앞서 가시며 길을 내신다. 우리는 애굽의 종살이에서 해방돼 약속의 땅으로 긴 여정에 오른 이스라엘 백성과 같다.

자신이 그리스도로 말미암아 구속받은 것을 **이해**하면서도 복음의 이 핵심 주제의 엄청난 의미를 **누리지** 못하는 그리스도인들이 많다. 우리는 그리스도 안의 구속을 단순히 이해해야 할 개념으로 여겨서는 안된다. 더 깊이, 훨씬 깊이 들어가야 한다.

우선 우리는 그리스도의 십자가를 단지 구호나 신학적 공식으로 여기는 태도를 버리고, 대신 삶을 바꿔 놓는 사건으로 붙들어야 한다. 모든 잡념을 마음에서 걷어 내고, 십자가에서 죽으시는 그리스도께 집중하라. 차츰 주변의 세부사항을 채워 나가라. 십자가가 당신의 지식만 아니라 감정에 영향을 미치게 하라. 다음 내용이 그 과정에 도움이 될 것이다.

- 당신은 거기 갈보리에 있다. 그리스도께서 죽으시는 모습을 지켜보고 있다. 그저 그분의 죽음을 기록으로 읽는 것이 아니라 그 사건 자체 속에 있다. 그것을 살아있는 실체로 경험하고 있다.
- 두 팔을 벌리고 십자가에 달리신 그리스도를 그려 보라.
- 처형자들이 그분에게 입힌 상처를 보라. 손에 박힌 잔혹한 못을 상상해 보라.
- 고통에 일그러진 그분의 얼굴을 보라. 슬프지만 자비로운 얼굴이다. 그분의 고통이 극에 달한다. 살아있을 시간이 얼마 남지 않았다.
- 주변에서 무리가 그분을 조롱한다. 최후의 시간에 그분을 위로할 자가 아무도 없다.

너무 처참한 광경이라 비통함 없이는 묵상할 수 없는 이들도 많을 것이다. 하나님의 아들이 가장 야만적인 방법으로 죽어가고 있다. **모두가 우리를 위한 것이다.**

우리는 무엇에 힘입어 이 사건의 경이를 누릴 수 있을까? 하나님이 우리를 이토록 사랑하신다는 놀라운 소식을 어떻게 붙들 수 있을까? 십자가의 온전한 의미를 어떻게 마음에 품을 수 있을까? 다시 신앙여정의 길동무를 만나 함께 시간을 보낼 때가 됐다.

히치하이크: 아이작 왓츠와 함께

이번 길동무는 가장 위대한 영어 찬송 작사자 가운데 한 사람으로, 마땅히 존경받을 만한 인물이다. 아이작 왓츠는 영국 남부 도시 사우샘턴에서 태어나 지금은 런던 교외가 된 스토크 뉴잉턴에서 공부했다. 신앙심이 깊었던 왓츠는 찬송생활이 개인의 경건에 요긴한 도움이 될 수 있음을 깨달았다. 당시 왓츠가 속했던 기독교 단체는 매우 엄격한 곳이어서 예배에 음악을 사용하는 것을 아주 위험시했다. 왓츠의 찬송들은 그런 시각을 바꾸어 18세기 영국 복음화 부흥 때 회중들 사이에 찬송이 널리 불리도록 길을 닦는 데 지대한 공헌을 했다. 가장 잘 알려진 그의 찬송 중에는 '주 달려 죽은 십자가', '햇빛을 받는 곳마다', '예부터 도움되시고' 등 지금도 불려지는 것들이 많다. 왓츠는 당대의 기독교가 다분히 피상적이라는 생각이 강했다. 그는 더 깊이 들어가 더 알고 싶었다. 독자들에게 준 그의 충고에 그런 관심이 잘 나타난다. "늘 사안의 표면을 겉돌아서는 안되며 겉만 보고 얼른 떠나서도 안된다. 시간과 상황이 허락하는 한 문제의 심층부로 파고들어야 한다." 이처럼 "문제의 심층부로 파고들려는" 자세를 그의 은혜로운 찬송들에서 볼 수 있다. 그의 찬송은 우리를 주제와의 깊은 만남을 통해 경건한 삶으로 이끈다.

그의 가장 유명한 찬송은 모든 교단의 그리스도인들이 특히 성금요일에 부르는 '주 달려 죽은 십자가'다. 십자가를 묵상한 이 찬송은 듣는 이들로 하여금 경이감과 헌신을 불러일으킬 뿐 아니라, 십자가의 묵상을 통해 세상 것들을 바른 시각으로 보도록 해준다. 십자가를 그림처럼 생생히 그린 것 말고도, 왓츠는 세상 모든 것이 십자가 앞에서는 빛을 잃음을 강조한다.

주 달려 죽은 십자가
우리가 생각할 때에
세상에 속한 욕심을
헛된 줄 알고 버리네.

죽으신 구주밖에는
자랑을 말게 하소서.
보혈의 공로 입어서
교만한 맘을 버리네.

못박힌 손발 보오니
큰 자비 나타내셨네.
가시로 만든 면류관
우리를 위해 쓰셨네.

온 세상 만물 가져도
주 은혜 못다 갚겠네.
놀라운 사랑 받은 나
몸으로 제물 삼겠네.

왓츠가 이 가사를 읽는 (또는 부르는!) 자들을 어떻게 십자가의 묵상으로 이끄는지 보라. 찬송을 부르노라면 십자가를 눈으로 보는 듯하다. 초점은 그리스도께서 죽어가며 겪으신 고통과 그것이 세상의―찬송을 부르는 자를 포함해!―구속을 이루신 길이라는 점에 있다. 찬송은 그 십자가에 반응해야 함을 강조하며 끝난다. 그리스도께서 드리신 큰 제물에 견줄 만한 것은 아무것도 없다. 그래도 우리가 최소한 할 일이 있다. 그분의 사랑을 만인에게 알리기 위해 그리스도께 자신을 바치는 것이다.

왓츠의 이 찬송은 우리 신앙에 강한 자극제가 된다. 하나님을 찬양하는 동안 우리는 세상을 구속하려 우리에게 보이신 그분의 측량 못할 사랑을 동시에 그림처럼 떠올린다. 그리고 그 구속의 값비싼 대가, 곧 우리를 위한 그분의 죽으심을 새삼 절감한다. 우리는 이성과 감정을 한데 묶어 우리를 구속하신 분을 찬양한다. 왓츠의 찬송은 우리 구주께서 치르신 구속의 대가를 생생히 보여주며 우리로 하여금 그분께 감사하고 그분을 섬기려는 마음을 심어 준다. 이것은 길가는 우리에게 강력한 힘의 원천이다.

아울러 우리의 우선순위와 가치관을 다시 점검하라는 도전이기도 하다. 마르틴 루터는 "무엇이든 네 마음이 집착하고 의지하는 그것이 곧 네 하나님이다"라고 말했다. 우리는 직업이나 재물이나 지위를 믿고 늘 그 생각을 떨치지 못함으로 그것을 내 하나님으로 삼은 것은 아닌가? 왓츠의 말이 도전으로 다가온다.

온 세상 만물 가져도
주 은혜 못다 갚겠네.
놀라운 사랑 받은 나
몸으로 제물 삼겠네.

우리 삶과 생각의 중심에 놓여야 할 분은 그리스도다. 우리는 이따금씩 조용한 시간을 내서 자신의 헌신과 우선순위를 재점검하고, 인생의 기초요 최종 목표인 예수 그리스도께 삶의 방향을 재조정해야 한다.

왓츠가 우리 여정에 주는 격려는 무엇인가? 그와의 만남에서, 길가는 우리에게 요긴한 도움이 될 한 가지 생각을 취할 수 있다. 우리는 마음과 생각을 그리스도께 고정해야 한다는 사실이다. 왓츠의 찬송은 우리 구속의 대가를 일깨운다. 신앙여정에 동참케 하신 부르심이 엄청난 특권임을 일깨운다. 우리는 그것을 짐으로 느낄 때가 많지만 실은 특권이다. 우리가 길가다 접하고 겪는 모든 고통과 슬픔을 우리 주님께서 이미 당하셨다. 그분은 경험자이므로 우리 처지를 알고 이해하신다. 놀랍게도 그분은 우리로 그분 발자취를 따라 영광의 천국에 들어가 영원히 그분 곁에 있게 하시고자 죽음을 택하셨다.

그래서 우리는 광야길을 계속 간다. 왓츠와 함께 그의 찬송을 부르며 간다. 우리 앞에 많은 장애물이 있다. 그러나 왓츠의 찬송에 힘입어 우리는 주님만 바라본다. 우리를 구속하신 그분이 길가는 우리를 붙드시고 힘 주신다.

2. 두려움의 광야

광야여정은 많은 감정을 불러일으키는 힘겨운 경험이다. 우리는 지치다. 어서 목적지에 도달하고 싶다. 그러나 많은 이들이 광야의 신앙여정에서 경험하는 또 다른 감정이 있다. 두려움이다.

성경은 우리에게 여호와를 두려워하라고 말한다. 그분만 두려워하면 그밖에 아무것도 두려워할 필요가 없다. 물론 신앙여정을 걷다 보면 우리를 놀라게 하고 낙담케 하는 일을 많이 만난다. 그러나 알아야 할 것이 있다. 주님이 우리를 꼭 품어 주시면 우리는 안전하다. 우리를 불러 길떠나게 하신 그분이 우리를 줄곧 붙드시고 지키신다. 약속의 땅을 향해 광야를 힘들게 걷던 이스라엘에게 하나님은, 여행이 끝나면 안식과 평안을 주겠다고 약속하셨다(신 12:10).

너희가 요단을 건너 너희 하나님 여호와께서 너희에게 기업으로 주시는 땅에 거하게 될 때 또는 여호와께서 너희로 너희 사방의 모든 대적을 이기게 하시고 너희에게 안식을 주사 너희로 평안히 거하게 하실 때에.

바벨론에서 돌아오는 포로에게 주신 말씀은 우리에게 주신 말씀이기도 하다(사 43:1-2).

너는 두려워 말라. 내가 너를 구속하였고 내가 너를 지명하여 불렀나니 너는 내 것이라. 네가 물 가운데로 지날 때에 내가 함께할 것이라. 강을 건널 때에 물이 너를 침몰치 못할 것이며.

우리는 잠시 멈춰 이 말씀과 거기에 담긴 약속을 음미할 필요가 있다.

하나님을 믿어도 됨을 우리는 어떻게 아는가? 여정 내내 되살아나는 질문이다. 사실 많은 그리스도인들이 남몰래 겪는 두려움 가운데 하나는, 하나님이 나를 잊었을지도 모른다는 것 또는 그분의 약속을 믿을 수 없을지도 모른다는 것이다. 이 두려움을 반드시 해결해야 한다.

왜 우리는 두려워 하나님을 믿지 못할까? 문제의 일부는 실망에 대한 우리의 뿌리깊은 두려움이다. 사람들은 우리를 수없이 실망시켰다. 하나님도 똑같지 않을까? 우리는 이 두려움에 반드시 맞서야 한다. 구약에는 광야길을 걷는 이스라엘에게 주어진 놀라운 약속들이 나온다. 하나님은 그들을 약속의 땅으로 인도하실 것이다. 당신 자신을 그 상황에 대입해 보라.

- 당신은 광야를 걷고 있다.
- 전방에 젖과 꿀이 흐르는 약속의 땅이 있다고 들었다.
- 길을 떠난 지 하도 오래되어, 기억나는 것이라고는 황량한 광야와 자갈길과 굶주림의 고통뿐이다. 푸르고 비옥한 땅은 조짐조차 없다.

이스라엘은 앞날의 약속을 믿기가 어려웠을 것이다. 그러나 이스라엘이 여행중에 확실히 몰랐던 것을 우리는 안다. 약속의 땅은 정말 **있었다**. 그들은 결국 그곳에 **들어갔다**. 그들이 길가며 느낀 회의와 두려움을 우리도 느낀다. 그러나 우리는 앞을 내다보며 그 두려움이 근거 없는 것임을 알 수 있다.

이 통찰을 우리 상황에 적용해야 한다. 우리는 이생의 지평 너머에 정말 새 예루살렘이 있는지 의아해질 때가 있다. 있다는 약속은 받았다. 하지만 정말 있을까? 그러나 약속의 땅을 보던 날 이스라엘이 경험한 안도감을 우리도 경험할 것이다. 그 점 안심해도 좋다. 그들과 똑같이 우리도 한량없이 미쁘신 하나님을 믿기 때문이다.

길가며 우리가 경험하는 가장 큰 두려움은 어쩌면 여행 끝에 관한 것이다. 신앙여정은 죽음으로 그냥 끝날 것인가? 아니면 우리가 간절히 믿고 바라는 대로 그 너머에 뭔가 있을 것인가? 모든 인간의 삶에는 죽음의 공포가 몰려오는 순간이 있다. 늦은 밤일 때가 많다. 자기 힘으로 죽음을 감당할 수 없음을 깨닫는 이들이 많다.

친한 친구나 가족의 죽음이 인생의 전환점이 됨으로, 죽음이 영영 피할 수 없는 주제임을 깨닫고 신앙생활을 시작하는 경우가 비일비재하다. 우리는 죽음을 직시해야 한다. 죽음의 끔찍한 현실을 혼자서 감당할 수 없음을 깨닫는 이들이 많다. 많은 사람들이 죽음이 두려워 남몰래 포로로 살아간다. 그들은 언젠가 자신이 죽는다는 사실을 어떻게든 외면하려고 온갖 대응기법을 만들어 낸다. 대다수 현대 서구인들은 죽음을 부인할 방법을 찾아내느라 많은 시간을 소비한다. 죽음은 언제나 남한테나 찾아오는 일인 것처럼 말이다.

십자가는 우리를 죽음의 두려움에서 해방시킨다. 세상에서 내가 처한 상황에 두려움이나 불안을 느끼는 것이 우리의 본능적 성향이다. 십자가는 거기에 강력한 해독제다. 십자가로 인해 우리는 조용하고 침착하고 당당하게 죽음을 맞이할 수 있다. 사망의 쏘는 것이 십자가로 무력해졌고 부활을 통해 승리가 주어졌음을 알기 때문이다. 히브리서에 그 점이 강조돼 있다. 기자는 예수께서 죽으신 것이 "죽기를 무서워하므로 일생에 매여 종노릇하는 모든 자들을 놓아주려 하심"(히 2:15)이라고 선포한다.

이 접근의 논지를 잘 보라. "죽음이 패배했다고 치자. 죽음의 세력이 꺾였다고 생각하자. 죽음이 걱정거리가 아닌 것처럼 살아가자"가 아니다. 그것은 삶의 냉엄한 현실에 눈감고 공상의 세계 속에 사는 것이다. 동화나 요술처럼 말이다.

아니다! 예수 그리스도의 십자가와 부활을 통해 죽음의 세력은 꺾였다. 그리스도의 죽음을 통해 우리에게 승리가 주어졌다. 이 지식이 우리를 바꿔야 한다. 생각하는 방식과 살아가는 방식을 바꿔야 한다. 우리는 더 이상 죽음을 두려워할 필요가 없다. 그리스도께서 십자가에서 죽음과 싸워 이기셨기 때문이다. 이것은 인간의 과민하고 풍부한 상상력이 만들어 낸 공상의 세계가 아니다. 하나님이 친히 주시고 보장하신 복음의 현실세계다.

십자가는 우리를 죽음의 지독한 폭정에서 해방시킨다. 우리를 옭아매는 죽음의 억센 힘을 꺾는다. 그리스도는 살아계시며 그분이 사시기에 우리도 살 것이다. 이 기쁜 확신이 신약성경에 메아리친다. 죽음의 세력과 실체를 이긴 그리스도의 승리는 곧 우리의 승리다. 믿음은 우리를 그리스도와 그분이 이루신 모든 것에 연합시키거니와, 죽음으로 죽음을 이기신 것도 거기 포함된다. 우리는 산 듯

하지만 죽은 목숨이다. 사실이다. 그러나 그보다 더한 사실이 있다. 우리는 죽을 목숨이지만 생명 안에 있다. 복음을 통해 우리에게 주어진 영생 안에 있다. 아무것도—죽음 자체도—우리에게서 그것을 빼앗아 갈 수 없다. "사망이 이김의 삼킨 바 되리라"(고전 15:54).

광야길에 다시 히치하이크를 할 때가 됐다.

히치하이크: 존 번연과 함께

이번 광야의 길동무는 17세기 가장 유명한 청교도 작가 가운데 한 사람인 존 번연(John Bunyan, 1626-1688)이다. 그는 이곳을 "이 세상 광야"라 불렀다. 번연은 영국 베드포드셔의 시골에서 태어나 영국 청교도혁명 때 청교도 편에 가담했다. 청교도 공화국이 수립된 후 번연은 설교로 관심을 돌려 베드포드의 한 독립교회의 목사가 됐다. 1660년 영국에 왕정이 복고되자 그는 청교도에 동조한 죄로 눈 밖에 났고 그 결과 베드포드 감옥에서 장기 복역해야 했다.

번연은 수감기간을 잘 활용했다. 그 시기로 거슬러 올라가는 작품 중 하나가 그의 자서전 「죄인들의 우두머리에게 내린 넘치는 은혜」(*Grace Abounding to the Chief of Sinners*)다. 번연의 가장 유명한 작품은 「천로역정」이다. 1부는 1678년, 2부는 1684년에 간행됐다. "멸망의 도성"에서 "천성"으로 가는 성도의 여정을 그린 이 책은, 영어권 종교문학의 최고의 애독서 가운데 하나가 됐다. 적대적이기 일쑤인 세상에서 신앙생활을 해나가며 부딪치는 신자들의 갖가지 영적 시련과 유혹이 생생히 그려진 책이다.

「천로역정」 2부에 보면 '왕의 대로'를 걷는 일단의 여행자들 이야기가 나온다. 미스터 호인(好人)도 그중 하나다. 그런데 대로를 걷는 그들의 걸음을 가로막는 것이 있다. 앞에 있다는 사나운 사자 떼에 대한 두려움이다.

> 그들은 걸음을 재촉해 마침내 사자 떼가 보이는 곳에 다다랐다. 미스터 호인은 힘이 장사인지라 사자를 겁내지 않았다. 그러나 사자 떼에 가까워지자 앞장서던 자들이 재빨리 몸을 사렸다. 사자 떼가 무서웠던 것이다.

미스터 호인은 힘겨운 격투가 기다리고 있음을 알고 검을 뽑았다. 대로의 그 근방에는 잡초가 웃자라 있다. 한동안 아무도 지나가지 않았다는 분명한 표시였다. 결국 미스터 호인은 사자 떼의 주인을 격퇴했다. 드디어 사자 떼를 상대하려 나서던 그에게 뭔가 눈에 띄는 것이 있었다. 번연은 이렇게 썼다. "사자 떼는 사슬에 묶여 있어 제 힘으로 아무것도 할 수 없다."

다시 말해 사자 떼의 자유는 제한되어 있었다. 그들은 사나웠고 먹이를 삼켜 바스러뜨릴 힘도 있었다. 그러나 먹이가 일정한 반경 밖에 안전히 남아 있는 한, 사자 떼는 그 먹이를 손에 넣을 수 없었다.

번연이 이 우화를 통해 말하려는 바는 무엇인가? 한마디로 이렇게 설명할 수 있다. 사자 떼는 죽음, 죄, 사탄 등 신앙의 큰 적들을 가리킨다. 이것들은 신앙의 여정에 계속 무섭게 버티고 서 있다. **그러나 사슬에 묶여 있다.** 누군가 그 길을 앞서 가며 우리 대신 신앙의 적들과 싸웠음이 분명하다. 앞서 간 자가 누구이든 그는 적들의 위협을 무력화시켰다. 적들은 우리를 겁줄 수 있으나 해칠 수는 없다. 사자 떼는 우리를 보며 으르렁거릴 수 있으나 우리를 삼킬 수는 없다. 번연은 여기서 비록 신앙여정에 죽음과 죄와 사탄의 세력이 여전히 남아 있기는 하지만 그리스도께서 그것들을 이미 물리치셨다는 기독교의 기본개념을 천명하고 있는 듯 보인다. **우리는 적들을 두려워할 필요가 없다.** 그들이 쏘는 것은 이미 제해 졌다.

그렇다면 왕의 대로로 믿음의 길을 가는 우리에게 번연의 말은 어떤 격려가 될까? 그는 앞으로 많은 일들이 우리를 위협하며 여행을 좌초시키려 할 것임을 일깨운다. 그러나 우리는 그들의 세력이 예수의 구원의 죽음과 부활을 통해 무력화됐음을 믿어야 한다. 그들이 강한 것은 사실이지만 자기보다 강한 자에게 결박된 상태다(마 12:29).

찰스 웨슬리는 이 극히 단순한 개념을 유명한 찬송 '예수 부활했으니'에 이렇게 표현했다.

대속하신 주 예수
선한 싸움 이기셨네.
사망 권세 이기고
하늘문을 여셨네.

이 통찰로 무장한 우리는 신앙여정 중 닥쳐오는 두려움에 대처할 수 있다. 무서운 장애물을 만날지라도 우리는 소망 중에 길을 간다.

3. 교제의 오아시스

인생여정은 힘들고 낙심될 수 있다. 그러나 혼자서 가는 길이 아니다. 하나님은 은혜로 우리 신앙여정에 길동무들을 보내 주신다. 함께 새 예루살렘을 향해 가는 동안 그들은 우리를 세워 주고 격려하며 새 힘을 준다. 교제는 없어도 되는 사치품이 아니며 죄책감을 느낄 일도 아니다. 교제는 영적 성장에 없어서는 안될 영적 필수품이다. 하나님은 우리를 혼자 있도록 지으신 것이 아니라 남들과의 관계 속에 존재하고 자라도록 지으셨다.

교제의 핵심은 나누는 것이다. 신약성경에 자주 나오는 코이노니아(*koinonia*)라는 헬라어 단어는 "공유하다, 참여하다" 등 의미가 다양하다. 기본개념은 신자가 한편으로 그리스도와, 다른 한편으로 다른 신자들과 교제한다는 것, 그리고 후자가 전자를 심화시키는 방편이라는 것이다. 어째서 그럴까? 교제는 영적 성장에 왜 그렇게 중요할까? 단체여행이 단독여행보다 좋은 이유는 무엇일까?

존 웨슬리는 "고독한 그리스도인보다 더 비기독교적인 것은 없다"고 말했다. 언뜻 보기에 과장된 표현 같다. 그리스도인의 신앙여정에 엄연히 고독의 자리가 있지 않은가? 혼자 있음으로 우리는 기도하고 묵상할 수 있지 않은가? 예수께서도 친히 제자들을 떠나 한적한 곳에 가 기도하시지 않았던가? 여행중 약간의 고립은 우리에게 묵상의 공간을 가져다 준다.

그러나 일부러 찾는 단기적 고독과 어쩔 수 없는 지속적 외로움은 천지차이다. **교제는 정상적 성장 수단이요 고독은 부차적 성장 수단이다.** 신앙여정 중 장기간의 고독은 우울과 낙심과 내면 지향으로 이어질 수 있다. 성경은 끊임없이 믿음의 사람들을 공동체의 일원으로 그리고 있다. 그 공동체는 정적일 때도 있다. 전원에 사는 일가나 대도시가 그런 경우다. 반면 공동체는 천천히 고생스럽게 광야길을 걷던 이스라엘 백성처럼 동적일 때도 있다. 하지만 작용원리는 동일하다. **공동체 안에서 믿음의 양분과 지지를 얻는다.**

본서의 핵심 주제 중 하나는 다른 그리스도인들과의 동행이 중요하다는 것이다. 지금까지 우리의 길동무들은 책을 통해 우리 신앙여정에 빛과 활력을 더해 주었다. 그러나 우리 믿음을 깊어지게 하는 또 다른 부류의 사람들이 있다. **영으로만 아니라 몸으로 우리와 동**

행하는 살아있는 신자들이다.

교제는 하나님의 선물이자 인간의 책임이다. 그것은 신앙여정 내내 교제의 은혜로 우리를 붙드신다는 점에서 그분의 선물이지만, 동시에 우리가 감당할 수 있는 중요한 역할이 있다는 점에서 우리의 책임이기도 하다. 즉 우리는 남을 붙들어 주고 세워 주고 격려하기도 하며 남의 격려를 받기도 한다. 교제의 유익과 특권을 헤아릴 때 다음 내용이 도움이 될 것이다.

1. 교회는 각기 다른 지체들로 이루어진 "그리스도의 몸"이다(고전 12:12-31). 지체마다 역할이 다르다. 몸 전체의 원활한 기능을 위해 지체마다 다 필요하다. 당신은 귀나 눈이 아닐지 모르지만 귀나 눈인 사람이 있다. 당신은 행정에 능하지 않을지 모르지만 행정에 능한 이들이 있다. 그리스도인의 삶이 공동체적임을 깨달으면 내 약점을 죄책감 없이 바라볼 수 있다. 내가 행정에 능하지 않다 해서 몸 전체가 죽는 것은 아니다. 그 은사를 가진 사람이 그 일을 할 수 있다. 중요한 것은 우리 모두 자기 은사를 깨달아 교회 안에서 그것을 실행하는 것이다. 그 결과 우리 모두 다른 이들의 은사를 통해 유익을 누린다. 내 약점은 다른 이들의 강점으로 보완된다. "이와 같이 우리 많은 사람이…서로 지체가 되었느니라"(롬 12:5).

2. 이렇듯 우리는 다른 이들의 은사를 통해 유익을 누린다. 교제란 주는 것만이 아니라 받는 것이기도 하다. 은사를 가진 자는 그것을 사용해야 한다. 그래야 하나님이 신앙공동체 전체에 주시는 풍성한 영적 자산을 다른 이들도 누릴 수 있다(벧전 4:10). 바울은 고린도 교인들에게 영적 은사란 "교회의 덕을 세우기 위해" 주신 것임을 지적했다(고전 14:4-5, 12-17). 은사는 재미나 영적 쾌감을 맛보라고 주신 것이 아니다. 은사의 기능은 정말 중대하다. 세상을 섬기기 위해 그리스도의 몸을 강건케 하는 것이다. 하나님이 내 믿음의 형제자매들을 통해 위대한 일을 행하실 것이라는 기대감을 품고 그들이 잘될 때 기뻐하는 것이 중요하다. 몸의 한 지체가 잘되면 그로 인한 부흥을 우리 모두 누리기 때문이다.

이런 주제의 실제적 적용은 대단히 중요하다. 신앙여정 중 그것을 실천할 수 있는 몇 가지 확실한 방법을 소개한다.

1. **우리는 자신이 어렵게 얻은 통찰을 나눠야 한다.** 우리 중에는 신앙의 여러 측면이 좀처럼 깨달아지지 않아 난감해하는 이들이 많다. 반면 그런 문제를 오랫동안 신중히 생각해 온 길동무들이 많이 있다. 현재 우리한테 난감한 문제가 그들의 도움으로 풀릴 수 있다.
2. **우리는 자신의 살아온 이야기를 나눠야 한다.** 여행자라면 누구나 이

야기가 있게 마련이다. 여정에 오른 계기, 지금까지 겪어 온 고생과 격려, 장래 희망 따위를 그들의 이야기를 통해 알 수 있다. 다른 이들이 믿음을 갖게 되고 은혜 안에 자라 온 사연을 들으며 우리는 큰 힘을 얻는다. 우리는 하나님이 내 삶 속에 행하셨고 지금도 행하고 계신 일을 나눌 필요가 있다. 중세 때 제프리 초서(Geoffrey Chaucer)는 「캔터베리 이야기」(*The Canterbury Tales*)를 썼다. 캔터베리를 찾아온 순례자들의 이야기들을 모은 책이다. 우리는 서로 세워 주고 격려하는 믿음의 이야기들을 나눔으로써, 노중에 거기서 힘을 얻을 수 있다.

3. **우리는 서로 돌아봐야 한다.** 길가다 지쳐 부축이 필요한 이들이 많다. 오늘 강한 자가 내일 약해질 수도 있다. 우리는 서로 부축해 줄 줄 알아야 한다. 도움이 절실히 필요하거나 누가 돕겠다고 할 때 그것을 마다할 만큼 교만해져서는 안된다.

4. **우리는 서로를 위해 기도해야 한다.** 누군가 나를 염려해 기도로 하나님께 올려 드리고 있음을 알면 커다란 위안이 된다. 중보기도를 하려면 상대의 필요를 알아야 한다.

5. **우리는 서로 죄를 고백해야 한다.** 야고보서의 가장 흥미로운 점 가운데 하나는 중보기도에 부여하는 중요성이다. 야고보는 우리에게 "너희 죄를 서로 고하며 병 낫기를 위하여 서로 기도하라"(약 5:16)고 말한다. 죄는 우리를 남들과 그리고 무엇보다 하나님과

쉽게 분리시킬 수 있다. 분리된 정도가 심할수록 그 사람의 삶은 죄에 더 장악당한다. 서로 죄를 고백할 때 우리는 분리와 고독과 그로 인한 우울에 빠지지 않을 수 있다. 그것은 또 정말 중요한 분인, 우리 구주이신 주님께 나아가 죄를 고백하는 데도 도움이 된다.

모두 아주 중요한 내용이다. 우리는 남들을 격려하고 남들은 우리를 격려한다. 그렇게 서로 격려하며 우리는 여정의 목표점을 향해 함께 전진한다. 그러나 교제에는 꼭 생각해야 할 또 다른 측면이 있다. 겸손을 배워야 한다는 점이다. 바울은 이 문제를 아주 분명히 했다(빌 2:3-4).

> 아무 일에든지 다툼이나 허영으로 하지 말고 오직 겸손한 마음으로 각각 자기보다 남을 낫게 여기고 각각 자기 일을 돌아볼뿐더러 또한 각각 다른 사람들의 일을 돌아보아.

교제는 겸손을 배우는 데 도움이 된다. 겸손을 배운다는 것은 쉬운 일이 아니다. 나를 남보다 낫게 여기는 것이 우리 본능인 까닭이다. 바울은 그런 생각을 버려야 한다고 말한다. 지당한 말이다!

우리는 남들을 그리스도께서 보시는 눈으로 보아야 한다.

늘 쉽지만은 않다. 길동무 한 사람 한 사람을 볼 때마다 우리는 의식적으로 그 안에서 그리스도께서 위하여 죽으신 사람을 보아야 한다. 나한테는 그 사람이 별로 대단해 보이지 않을 수 있다. 그러나 그리스도는 다르게 보신다. 남들에 대한 그리스도의 평가에 우리도 동참해야 한다. 그러기 위해서는 일부러 남의 은사와 장점을 찾아야 할 때도 있다. 그러다 보면 이전에 안보이던 좋은 점들이 그에게 많이 있음을 알게 된다. 그리하여 교제의 질이 눈에 띄게 깊어진다.

남들을 무시하고 별 볼 일 없는 존재로 일축하기란 얼마나 쉬운가. 그러나 그것은 기독교적 사고방식이 아니라 세상적 사고방식이다. 우리가 길가며 해야 할 일 가운데 하나는 타락하고 비뚤어진 세상 기준을 버리고 새 예루살렘의 기준을 앞당겨 사용하는 것이다. 굳이 천국문에 들어설 때까지 기다렸다가 그때서야 천국의 규범대로 행동하고 사고하기 시작할 필요는 없다.

새 예루살렘 여정이 이제 거의 막바지에 이르렀다. 여기서 다시금 길동무에게 도움을 청하자. 하나님의 순례 백성 가운데 또 한 사람과 동승해 함께 시간을 보내자.

히치하이크: 디트리히 본회퍼와 함께

이번 히치하이크 상대는 2차 세계대전 중 나치에 처형된 독일의 루터교 목사다. 디트리히 본회퍼(Dietrich Bonhoeffer, 1906-1945)는 브레슬라우에서 태어나 독일의 수도 베를린에서 자랐다. 그는 어려서부터 기독교 신학에 관심이 있어 21세라는 남달리 어린 나이에 신학 박사학위를 마쳤다. 1933년 독일에 나치 세력이 발흥하자 그는 깊이 고뇌했다. 그에게는 독일의 참 기독교를 말살하려는 위협으로 비쳤던 것이다.

1935년 그는 신학교 학장으로 초빙됐다. 나치 정권에 존재를 숨기고 독일 내에서 비밀리에 운영된 조금은 특이한 신학교였다. 독일 역사가 날로 긴장이 더해 가던 시기에 성경적 윤리와 영적 통찰을 충실히 고수한다는 목표로, 수년간 본회퍼는 스물 대여섯 명의 신학생들과 함께 살았다. 본회퍼가 그 기간 중 정리한 자료가 그의 가장 잘 알려진 두 저서 「신도의 공동생활」(*Life Together*)과 「나를 따르라」(*The Cost of Discipleship*)다.

2차 세계대전이 터진 후에도 본회퍼는 사역을 지속하려 했다. 그는 독일을 순회하며 지하교회에서 비밀리에 설교하고 강연했다. 오래갈 수 없었다. 그는 수배자였다. 그는 1943년 체포되어 1945년 4월 8일 교수형에 처해졌다. 그날은 주일이었다. 처형장으로 끌려가기 몇 분 전 그는 플로센베르크 수용소 재소자들에게 말씀을 전했다. 설교 본문은 이사야 53:5 "그가 채찍에 맞음으로 우리가 나음을 입었도다"였다.

「신도의 공동생활」에서 본회퍼는 기독교 공동체와 교제의 특권과 유익을 거론한다. 그의 메시지는 나치 시대에 박해받던 독일 신자들에게 특별히 중요한 것이었지만 오늘 우리에게도 중요하다. 본회퍼는 그리스도인의 삶이란 "세상을 등진 고립된 삶"이 아니라 "적들의 한복판에" 사는 삶임을 강조했다. 다시 말해 우리 그리스도인들이 부름받은 삶과 증거의 현장은 **세상**이라는 적대적 장소다. 우리는 "백합과 장미 꽃밭에 앉아 있고" 싶을 수 있다. 본회퍼는 그런 삶이 안중에도 없었다. 기독교 증거의 사명은 우리를 그런 안전한 울타리 밖으로 부른다. 하나님의 백성으로 온 세상에 흩어지는 것이 우리의 부름이다(슥 10:9).

본회퍼는 이 상황에서 "화(禍)와 약속"을 둘 다 강조한다. 하나님 백성이 흩어져 쉽게 고립되고 낙심에 **빠질** 수 있다는 점에서 그것은 **화**다. 그러나 하나님 백성이 그리스도와 복음을 들으려고 해도 들을 수 없는 곳들에 두루 퍼져 기독교 신앙 성장의 씨앗이 될 수 있다는 점에서 그것은 **약속**이다.

본회퍼는 **약속을 주장**하고 **화를 물리치는** 데 기독교 공동체의 중요성을 두었다. 교제는 본국을 떠나 이역만리 타국에 유배된 하나님 백성을 붙들어 주고 지탱해 준다. 교제는 그들에게 그 이역만리에 복음의 씨앗을 뿌리는 데 필요한 확신과 격려를 가져다 준다. 그들은 자신이 혼자가 아님을 안다.

본회퍼는 그리스도인이라고 해서 누구나 그런 교제를 누리는 것이 아님을 명시한다. 옥에 갇혔거나 이교 국가에 복음을 전하는 자들은 다른 신자들과 몸으로 함께 있는 그 위안을 잘 모른다. 본회퍼는 그런 외로운 사람의 전형적 예로 밧모 섬에 유배된 요한을 꼽는다. 요한은 특별한 형태의 교제에서 위안을 얻었다. 즉 천국의 예배를 환상 중에 묵상했고, 전에 알고 교제했던 다른 교회들의 예배를 심중에 떠올렸다.

그렇다면 신앙여정 중 디트리히 본회퍼와 함께한 시간에서 우리가 취할 것은 무엇인가? 우리는 그리스도인의 교제가 얼마나 귀한 특권인지 깨달아야 한다. 세상을 지나며 복음의 씨앗을 뿌리려는 우리에게 그런 지지와 위로가 필요하다. 본회퍼는 우리에게 이 특권을 절대 당연시하지 말고 다른 이들의 존재와 기여를 귀히 알도록 권한다. 험한 천성길에 힘든 시간이 찾아올 때 우리는 서로 짐을 져주며 서로 도울 수 있다.

그러나 본회퍼의 통찰은 거기서 그치지 않는다. 물론 많은 이들이 우리보다 앞서 신앙의 길을 갔고 지금도 우리와 함께 그 길을 가는 이들이 있다는 것은 놀라운 일이다. 짐과 기쁨을 서로 나누고 서로 배울 수 있다는 것도 좋다. 그러나 우리가 품어야 할 생각이 또 있다. 그것은 기독교 복음의 최대 신비 중 하나다. **우리는 다시 만난다!** 언젠가 우리는 새 예루살렘에서 과거와 현재와 미래의 모든 길동무들과 재회한다. 죄와 사망과 고난이라는 적들로부터 안전하게 구원받은 모습으로 말이다. 거기 여행자 동창회가 열린다.

그것을 생각하면 흥분을 가눌 길이 없다. 그에 힘입어 우리는 이번 길동무와 작별하고 계속 앞으로 나아간다. 새 예루살렘에서 그를 다시 만날 것이다.

넷째 여정

 이제 여행이 막바지에 이르렀다. 인내가 길었던 만큼 희망도 크다. 우리는 저 멀리 산이 있음을 안다. 거기서 약속의 땅이 어렴풋이 보일지도 모른다. 모세처럼 우리도 그 산에 올라 저 너머 땅을 내다보고 싶다. 여호와의 말씀을 내게 주시는 말씀으로 듣고 싶다(신 34:4).

이는 내가 아브라함과 이삭과 야곱에게 맹세하여 그 후손에게 주리라 한 땅이라. 내가 네 눈으로 보게 하였거니와.

한번도 보지 못하고 믿기만 했던 그 땅이 정말 거기 있음을 모세는 그 순간에야 **알았다**. 땅은 저 멀리 끝없이 펼쳐져 있었다. **모세의**

심정이 어떠했을지 상상해 보라! 모세는 그 땅에 들어가지 못했다. 그러나 그는 하나님의 약속이 믿을 만하며 하나님의 백성이 약속된 유업의 땅에 들어갈 것을 알고 죽었다. 지금껏 그는 신실하신 하나님과 믿을 만한 그분의 약속을 의지했다. 여태 믿었던 것을 이제는 **알았다.**

"이스라엘의 위로"를 기다린 노인 시므온에게도 비슷한 일이 일어났다. 하나님은 옛적에 약속하신 대로 오셔서 그 백성을 구원하실 것인가? 하나님은 그 백성을 잊으셨는가? 침침한 노안으로 아기 예수를 보는 순간, 그는 이제 자신이 평안히 눈감을 수 있음을 알았다. 하나님의 약속이 성취됐던 것이다(눅 2:25-32).

모세와 시므온에게 주어진 확답을 우리도 원한다. 우리도 약속의 땅이 정말 거기 있음을 확인하고 싶다. 하나님이 믿을 만한 분임을 알고 싶다. 회의를 이겨 떨치고 싶다. 그러나 우리는 회의에 끌려 다니지 않으면서도 회의와 더불어 사는 법을 배워야 한다. 다행히 애굽에서 약속의 땅으로 간 이스라엘의 긴 여정을 생각하면 위로가 된다. 그 길을 걷던 무리 중 약속의 땅이 있음을 확실히 알았던 사람은 아무도 없다. 그들은 믿음으로 전진해야 했다. 여정의 모든 고생보다 약속이 더 컸다. 모세가 산꼭대기에서 본 광경은 그 땅의 존재를 확인해 주었고, 그보다 더 중요하게 하나님의 약속을 확인해 주었다. 그분은 국경까지 그들을 인도하신 분이요 머잖아 그들로 요단강을 건너 그 땅을 차지하게 하실 분이었다.

우리는 새 예루살렘의 영생을 약속받았다. 우리는 새 예루살렘의 성문이나 성벽을 본 적이 없다. 어떻게 생겼는지 가히 상상도 안 된다. 그러나 이스라엘 앞에 약속의 땅이 있었듯이 새 예루살렘도 우리 앞에 있다. 우리는 그 존재를 믿고 환희에 찬 입성을 기대해야 한다.

그래서 우리는 여정의 마지막 이정표를 생각한다. 최종 완성에 대한 기독교의 소망이다.

1. 완성의 이정표

기독교의 위대한 소망은 완성이라는 한 단어로 압축된다. 하나님이 현 우주를 마감하고 새 하늘과 새 땅을 여시는 날, 모든 것은 마침내 영광스런 결말에 이른다. 그러나 그것을 이해하는 것만으로 부족하다. 새 예루살렘의 존재를 인정하는 것만으로 여정을 지속할 수 있다고 생각하는 그리스도인들이 있다. 일부 사람들에게는 그럴 수도 있다. 그러나 천국에 입성하는 경이를 머리로만 아니라 가슴으로 기대하지 않는 한 우리 신앙은 빈곤해진다.

모세가 멀리서나마 약속의 땅을 볼 수 있었던 것처럼 우리도 느보산에 올라 머리와 가슴으로 눈앞의 광경을 마음껏 기뻐할 필요가 있다. 선조들에게 그랬던 것처럼 우리 시계(視界)의 지평 너머에 우리에게 약속된 땅이 있다. 그들은 강을 건너 그 기쁨에 들어갔다. 우리는 안심해도 좋다. 그 땅은 존재하며 세상에서 가장 아름다운 곳이다. 말씀 그대로 믿음은 "바라는 것들의 실상이요 보지 못하는 것들의 증거"다(히 11:1).

당신이 모세라고 생각해 보라. 당신은 40년간 그 길을 걸으며, 한 번도 본 적 없는 땅으로 백성을 이끌었다. 그 땅이 있다는 것은 믿었지만 알지는 못했다. 걸으면서 당신 마음속에 남몰래 의심이 들었을지도 모른다. 너무 꿈같아 현실로 느껴지지 않았을지도 모른다. 그러다 당신은 느보산에 오른다. 저 멀리 옅은 안개에 쌓인 아름답고 비옥한 땅이 보인다. **이제야 당신은 그 땅이 진짜 있음을 안다.** 지금까지는 믿었으나 이제는 안다. 광경을 바라보며 밀려드는 감격, 안도 섞인 환희가 상상이 되는가?

이생의 국경 너머에 우리의 약속의 땅인 새 예루살렘이 있음을 우리는 확실히 믿고 품어야 한다. 앞에 놓인 약속의 땅이 우리의 도착을 기다리고 있음을 확실히 알고서 이생을 살아야 한다.

중세 때에 여기에 대한 이해가 높았다. 중세시대의 많은 위대한 영성작가들은 독자들을 성경본문으로 데려가 새 예루살렘 입성에 대한 기대감을 심어 줘야 함을 알았다. 가장 비중 있는 작가 가운데 한 사람은 클루니의 버나드(Bernard of Cluny, 약 1100-약 1150)다. 그는 생생한 시각 이미지로 완성에 대한 묵상을 고취시켰다. 그의 가장 유명한 찬송 가운데 하나는 '예루살렘 금성아'다.

예루살렘 금성아
복 가득하도다.
내 너를 생각할 때
마음이 기쁘다.
비할 데 없는 복과
그 빛난 광채와
나 받을 모든 기쁨
다 측량 못하리.

귀하고 복된 본향
주 예비하셨네.
그곳을 사모하며
나 항상 바라네.
예수여 비옵나니
큰 은혜 베푸사
영원한 나의 본향
이르게 합소서.

버나드가 젖과 꿀의 이미지를 통해 새 예루살렘을 약속의 땅에 견주는 점에 주목하라(1절 2행 원문에 '젖과 꿀의 복'이 들어 있다―옮간이). 버나드는 이 땅에 들어가는 자들의 기쁨과 환희를 인간의 언어로는 감히 표현할 수 없다고 고백한다. 후반부로 가면 독자들은 그 성에 들어가 복과 평안과 안식을 누리는 자신을 상상하게 된다.

사랑하는 이를 만나러 먼 길을 간다면 그 여행 목표가 당신의 행동에 지대한 영향을 미칠 것이다. 애당초 길을 떠나게 한 것도 그 목표다. 목표가 그렇다 해서 길가다 다친 사람을 만나도 그냥 지나쳐야 하는 것은 아니다. 도중에 만나는 좋은 이들을 무시해야 하는 것도 아니고 거쳐 가는 아름다운 전원에 눈길을 주지 말아야 하는 것도 아니다. 그 모든 것을 누리되 다만 전체 문맥 안에서 볼 뿐이다. 그런 것들도 멋있겠지만 여행 끝은 더 장엄하다. 장래의 희망을 생생히 되새길 때 그 희망은 더 실체가 되며, 그 충만한 세계에 들어가고 싶은 그리움은 더 간절해진다.

새 예루살렘의 삶을 소망하면 이 땅의 삶이 달라질 수 있다. 달라지려면 어떻게 해야 할까? 지금부터 새 예루살렘을 생각하며 거기서 누릴 안전과 기쁨의 큰 소망에 마음을 두면 된다. 수많은 그리스도인들이 "천국에만 마음을 두다 이 땅에 쓸모없는 사람이 될까" 두려워할 이유가 무엇인가? 미래의 숙명에 마음과 생각을 두는 것은 내 현 위치를 바른 시각으로 보고 여정을 계속하는 데 **필수다**.

시인 프레더릭 랭브리지(Frederick Langbridge, 1849-1923)가 그것을 완벽하게 표현했다.

똑같은 창살로 내다보는 두 사람
하나는 진흙을, 하나는 별을 본다.

랭브리지는 우리로 똑같은 감옥창으로 내다보는 두 사람을 상상케 한다. 시야는 같지만 보는 것은 전혀 다르다. 자신의 마지막 자리가 하나님 곁임을 알고 눈을 들어 천국을 보는 이들이 있는가 하면, 죽음으로 끝나는 일상생활의 쳇바퀴밖에 보지 못하는 이들이 있다. 그것이 랭브리지의 요지다. 상황은 똑같지만 시각은 딴판이다. 보이는 것은 같지만 관점이 전혀 다르다.

우리는 이 땅에 유배자로 있다. 그래서 구속을 고대하며, 하늘로부터 오셔서 우리를 집으로 데려가실 구주를 기다린다(빌 3:20). 위를 보면 그 생각이 되살아난다. 위를 본다는 것은 본향을 기억하고 최종 귀향의 희망을 떠올리는 것이다. 아래를 본다는 것은 그저 지친 마음을 비참한 유배생활에 두고, 앞에 있는 희망을 망각하는 것이다. 그리스도께서 죽으시고 다시 사신 것을 **기억하라**! 그리고 그분과 함께 영원히 천성에 거할 것을 **기대하라**! 길가는 동안 우리는 그 희망을 계속 살려야 한다. 인생이 무덤으로 끝나는 쳇바퀴라고 믿는 자들의 절망에 절대 빠져서는 안된다. 진실은 아주 다르며 훨씬 감격적이다.

바울은 독자들에게 생각을 하늘에 둘 것을 권면한다. 그리스도께서 먼저 가셔서 우리가 오기를 기다리고 계심을 알기 때문이다 (골 3:1-2).

> 그러므로 너희가 그리스도와 함께 다시 살리심을 받았으면 위엣 것을 찾으라. 거기는 그리스도께서 하나님 우편에 앉아 계시느니라. 위엣 것을 생각하고 땅엣 것을 생각하지 말라.

우리는 스러질 세상의 일시적 현실에 집요하게 매달릴 것이 아니라 미래에 소망을 두어야 한다. "위엣 것을 생각하라"고 권하는 바울의 진의를 잘 보라. 그저 공상만 하라든지 마음속의 세계로 여기라는 뜻이 아니다. 희망의 근거와 애착을 천국의 실체에 두라는 뜻이다.

우리 주님께서도 친히 비슷한 말씀을 주셨다. 그분의 말씀을 적극 강조할 필요가 있다(마 6:19-21).

> 너희를 위하여 보물을 땅에 쌓아 두지 말라. 거기는 좀과 동록이 해하며 도적이 구멍을 뚫고 도적질하느니라. 오직 너희를 위하여 보물을 하늘에 쌓아 두라. 거기는 좀이나 동록이 해하지 못하며 도적이 구멍을 뚫지도 못하고 도적질도 못하느니라. 네 보물 있는 그곳에는 네 마음도 있느니라.

주님의 말씀은 우리 마음과 생각을 미래의 영광에 두어야 할 필요성을 일깨워 줄 뿐 아니라 내가 정말 그렇게 하고 있는지 아닌지 점검해 볼 수단까지 보여준다. 내 마음이 세상 것들에 매여 있다면 내 삶과 생각은 복음의 희망에 적셔지지 못한 것이다. 마르틴 루터의 말대로 "무엇이든 네 마음이 집착하고 의지하는 그것이 곧 네 하나님이다."

그렇다면 우리 마음은 정말 미래의 영광에 가 있는가? 우리는 혹 복음의 위대한 약속인 천국을 내 것으로 붙잡아 주장하지 못하게 방해하는 땅의 것들에 얽매여 있지는 않은가?

이런 질문은, 은연중 우리 삶을 형성하는 가치관과 사고방식에 강력한 도전을 제기한다. 우리 중에는 영광의 소망으로 생각을 채우지 못한 채 세상 가치관을 수용한 이들이 많다. 세상 가치관의 기초가 되는 철학은 "내일 죽을 터이니 먹고 마시자"(고전 15:32)로 압축될 수 있다.

그렇다면 어떻게 영광 중심의 생각을 되찾을 수 있을까? 다시 누군가의 도움이 필요한 길목에 다다랐다. 새 예루살렘 여정을 지속하는 우리에게 격려와 교훈을 줄 만한 길동무를 만나 보자.

히치하이크: 존 스토트와 함께
이번 길동무는 우리 시대 최고의 복음주의 영성 및 신학작가의 한 사람으로 널리 존경받는 존 스토트(John Stott)다. 스토트는 1921년 4월 런던의 일류 의사 동네인 할리가(街)의 손꼽히는 전문의 가정에 외아들로 태어났다. 그는 영국의 가장 유명한 공립학교 가운데 하나인 럭비 학교에 들어갔다. 거기서 그는 E. J. 내쉬(E. J. Nash)의 사역을 통해 회심을 경험했다. 스토트는 그후 케임브리지 대학교에서 공부해 1945년 영국 국교회 목사 안수를 받았다. 그의 첫 일자리는 런던 웨스트엔드의 랭햄 플레이스에 있는 만민 교회(All Souls) 부목사였다. 이렇게 시작된 이 교회와의 관계는 평생의 놀라운 사역 동안 계속 이어졌다.

스토트는 현대 기독교에 크게 기여했다. 의문을 품은 자들과 구도자들의 필요에 특별히 맞춘 "방문자 예배"라는 예배 형태를 개발한 것도 빼놓을 수 없다. 그는 기독교 학생사역에 깊이 관여했으며 작가로서 상당한 명성을 쌓았다. 입문서 「기독교의 기본 진리」(*Basic Christianity*)가 특히 유명하다. 그는 만민 교회에서 꾸준히 설교사역을 했는데, 그 때문에 그 교회는 기독교 신앙의 효과적 커뮤니케이션과 설교에 관해 스토트에게 지도와 영감을 구하는 전 세계 많은 그리스도인들의 집결지가 됐다.

우리는 신앙여정의 길동무로서 스토트에게 배울 것이 많다. 스토트는 여러 모양으로 동료 그리스도인들에게 도전과 격려를 주었다. 믿음이 인생관의 변화로 이어져야 한다는 도전도 빼놓을 수 없다. 특히 흥미로운 대목은 영광의 미래가 우리의 현 실존에 영향을 미치는 방식에 관한 것이다. 스토트는 미래의 영광에 대한 소망이 어떻게 현재를 비춰 주는지 강조했다. 우리가 여기서 살펴보려는 것이 바로 그 문제다.

1976년 일리노이 주 어바나에서 열린 IVF 선교대회에서 전한 설교 시리즈를 통해 스토트는 영광의 미래가 신학과 영성과 특히 전도에 미치는 중요성을 피력했다. 그의 설교는 기독교 신앙의 주요 주제인 영광을 회복하고 그것을 우리 그리스도인들 현 생활의 모든 측면에 적용해야 한다는 명쾌한 외침이었다.

> 눈을 드십시오! 여러분은 분명 시간의 피조물이지만 동시에 영원의 자녀입니다. 여러분은 천국 시민이요 이 땅의 나그네와 유배자요 천성을 향해 가는 순례자입니다. 몇 년 전 읽은 이야기입니다. 어떤 젊은이가 길에서 5달러짜리 돈을 줍고는 그 뒤로 걸을 때마다 절대 땅에서 눈을 떼지 않았습니다. 세월이 흘러 그에게 남은 것은 29,516개의 단추, 54,172개의 핀, 12센트, 그리고 굽은 등과 인색한 성질뿐이었습니다. 그가 잃어버린 것을 생각해 보십시오. 그는 찬란한 햇빛과 밝은 별빛과 친구들의 웃는 얼굴과 봄철의 꽃들을 보지 못했습니다. 눈이 시궁창에 가 있었기 때문입니다. 이런 그리스도인들이 너무 많습니다. 물론 우리는 이 땅에서 중요하게

할 일들이 있습니다. 그러나 내가 누구이며 어디로 가고 있는지를 잊을 정도로 그 일들에 나를 내주어서는 안됩니다.

스토트는 우리를 기다리는 영광에 대한 지식을 일신하고 그 경이를 앞당겨 누릴 것을 권고한다. 우리는 구름같이 허다한 증인들에 둘러싸여 있다(히 12:1-2). 그들은 이미 새 예루살렘 문에 들어가 우리를 오라 부르고 있다. 지금까지 살았던 모든 위대한 그리스도인들, 당신이 존경하는 남녀들을 생각해 보라. **어느 날 당신은 새 예루살렘 연회실에 그들과 함께 있을 것이다.**

당신이 흠모하는 위대한 그리스도인들, 이미 하나님 나라의 영광에 들어간 그들을 생각해 보라. 본서에서 길동무로 만난 자들도 포함될 수 있다. 당신의 인생길에 도움을 주고 삶이 힘들 때 그 어깨에 기대게 해준 당신의 친한 친구, 가족, 목사일 수도 있다. 그들은 이미 요단을 건넜다. 이미 영광에 들어갔다. 우리도 장차 그들 곁에 갈 것이다! 그들은 "구름같이 둘러싼 허다한 증인들" 틈에 끼어, 앞에 당한 경주를 마치려 최선을 다하는 우리를 응원하고 있다(히 12:1-2).

이 감동적 생각에 힘입어 이제 우리는 계속 광야로 나아간다.

2. 고난의 광야

고난은 전형적 광야 체험이다. 누구나 한번쯤 그곳을 지난다. 고난은 아프다. 그러나 그 이상이다. 고난은 의문을 일으키고 믿음을 좀먹는다. 하나님은 왜 고난을 허용하실까? 많은 그리스도인들이 광야를 지나는 심정으로 고난을 겪는다. 영적 삶이 고갈된다. 외롭고 버림받은 느낌이 든다. 적막한 황무지에 홀로 선 듯한 기분이다. 위로가 보이지 않는다.

우리는 고난을 단순히 지식적 난제로 취급할 때가 많다. 다음 두 명제에 어떻게 논리적 조화가 가능할까?

1. 하나님은 사랑이 많고 전능하신 분이다.
2. 세상에는 고난이 있다.

이런 의문에 그럴듯한 답이 있을 수 있다. 그러나 고난은 철학자들이나 논리학자들이 풀어야 할 지식적 수수께끼 이상이다. 고난은 우리 감정에 영향을 미친다. 많은 고난받는 이들은 자신이 하나님께 버림받았다고 느낀다. 믿음이 자신을 저버렸다고 느낀다. 그들은 혼돈과 당혹감의 고통을 맛본다. 하나님 자녀들이 왜 고난을 당해야 하나? 착한 사람들에게 나쁜 일들이 일어나는 이유가 무엇인가?

고난에 쉬운 답이란 없다. 지식적으로도 그렇고 정서적으로도 그렇다. 그리스도인이든 무신론자든 아무도 답이 없다. 고난의 의미는 잡힐 듯 잡히지 않는다. 물론 그리스도인들에게는 답이 있다. 그러나 쉬운 답은 아니다.

우리는 전적으로 하나님을 믿어야 한다.

그분이 우리를 어디로 인도하시며, 나나 남에게 왜 이런 일이 일어나는지 이해가 안갈 수 있다. 그러나 우리는 하나님이 전적으로 믿을 만한 분임을 주장해야 한다. 그분이 내게 선하시며 헌신적인 분이라는 확실한 사실을 붙들어야 한다. 그리스도께서 당신을 위해 죽으셨으며 하나님 아들이 당신을 위해 기꺼이 목숨을 버리셨음을 잊지 말라. 다음을 생각해 보라.

- 나를 향한 그분의 사랑은 재론의 여지가 없다.
- 나는 그분께 말할 수 없이 중요한 존재다.

■ 나를 살리려 하나님의 아들이 죽으셨다.

우리를 향한 그분의 헌신을 정말 의심할 수 있을까? 현재 벌어지고 있는 일과 그것이 하나님의 더 큰 뜻 안에서 지닐 의미가 우리 머리로 쉽게 이해되지 않을 수 있다. 하지만 우리 이성이 한계에 부딪쳐도 그분은 얼마든지 믿을 만한 분이다. 믿음이 의지의 행위임을 기억해야 한다. 그러니 하나님을 믿기로 선택하라.

고난은 존재하며 상처와 혼동을 가져다 준다. 그 점 의심의 여지가 없다. 그러나 우리는 고난을 조금 전에 살펴본 굵직한 이정표의 관점에서 봐야 한다. 곧 최종 완성이라는 흔들리지 않는 소망이다. 바울은 분명히 그 점을 염두에 두고 이렇게 말했다(롬 8:16-18).

> 성령이 친히 우리 영으로 더불어 우리가 하나님의 자녀인 것을 증거하시나니 자녀이면 또한 후사 곧 하나님의 후사요 그리스도와 함께한 후사니 우리가 그와 함께 영광을 받기 위하여 고난도 함께 받아야 될 것이니라. 생각건대 현재의 고난은 장차 우리에게 나타날 영광과 족히 비교할 수 없도다.

이 말씀을 천천히 읽으며 바울의 생각을 정리해 보라.

1. 우리는 하나님의 자녀요 하나님의 가족 구성원이다. 우리는 소속이 확실한 자다! 중요한 존재다!
2. 하나님의 가족 구성원의 특권 중 하나는 후사, 즉 상속자가 되는 것이다.
3. 하나님의 아들 그리스도가 우리와 "공동 상속자"다. 즉 그분이 아버지께 받으시는 모든 유업을 우리도 똑같이 받는다.
4. 그리스도는 고난을 겪고 영광을 얻으셨다. 여기서 십자가와 부활을 좀더 묵상하는 것도 좋다.
5. 그래서 우리도 현재의 고난과 미래의 영광을 유업으로 받는다. 고난은 결국 영광에 자리를 비켜 주며, 고난을 통하지 않고 영광에 이르는 길이란 없다. 그리스도는 그 위대한 소망의 보증이다.
6. 그것은 고난이 우리 신앙에 없어서는 안될 요소라는 뜻이다. 고난은 피할 수 없는 것이다. 우리는 고난을 영광에 이르는 관문으로 볼 줄 알아야 한다.
7. 끝으로 바울은 우리를 기다리는 영광이 현재의 고난을 깨끗이 삼킬 것임을 강조한다. 둘은 비교할 수 없다. 우리는 기다려야 한다. 소망을 품어야 한다.

앞서 인용한 존 스토트의 말대로, 우리는 "나그네와 유배자로 지상을 사는 천국 시민이요 천성을 향해 가는 순례자"다. 고난은 우리 유배자들의 운명의 일부다. 귀향하는 우리 새 예루살렘 시민들 앞에 영광이 기다리고 있는 것과 마찬가지다. 따라서 신약의 마지막 책에 나온 새 예루살렘의 모습을 늘 생각하며 사는 것이 중요하다. 거기 보면 하나님의 새 질서가 임하는 날 세상과 그분 백성의 고난과 고통이 종식됨을 알 수 있다(계 21:4).

> [하나님이] 모든 눈물을 그 눈에서 씻기시매 다시 사망이 없고 애통하는 것이나 곡하는 것이나 아픈 것이 다시 있지 아니하리니 처음 것들이[옛 질서가] 다 지나갔음이러라.

그리스도인의 소망에서 우리 눈을 떼는 순간 우리의 지평을 지배하는 것은 고난이다. 그러나 새 예루살렘에 시선을 단단히 고정하면 고난을 바른 문맥 속에서 볼 수 있다. 요컨대 고난이란 이런 것이다.

- 고난은 우리가 약속의 땅에 들어가는 날 종식될 광야 체험이다.
- 고난은 주께서 새 하늘과 새 땅을 지으시는 날 사라질 옛 질서의 한 부분이다.
- 고난은 우리가 천국 본향에 들어가는 날 마감될 유배생활의 한 단면이다.

어쨌든 고난은 기쁨에 밀려나게 되어 있다.

깊은 슬픔과 당혹감 속에서 하나님을 부르는 시편 130편에도 같은 내용이 생생한 시각적 이미지로 표현돼 있다. 여기 우리의 지상 유배는 먼동이 트면서 마침내 사라질 캄캄한 밤에 비유된다(시 130:6).

> 파수꾼이 아침을 기다림보다 내 영혼이 주를 더 기다리나니.

당신이 야간에 예루살렘 성벽을 지키는 보초라고 상상해 보라. 어둠은 위험과 불확실의 시간이다. 적이 감쪽같이 성벽에 접근할 수 있다. 그러나 날이 밝아 사방이 환해지면 보초는 집에 가 쉴 수 있다. 이렇게 파수꾼이 인내로 새벽을 기다림같이 우리는 주께서 오실 날을 사모해야 한다. 파수꾼은 새벽이 올 것을 알았다. 마찬가지로 우리도 마침내 하나님의 새날이 밝아 올 것과 우리가 거주할 새 세계가 창조되리라는 것을 믿을 수 있어야 한다.

우리들 대부분이 어려워하는 일 가운데 하나는 나를 하나님께 의탁하는 것, 나를 위해 예비하신 것이 무엇이든 거기에 기꺼이 나를 맡기는 것, 내 이해 여부를 떠나 그분이 내 유익을 위해 일하고 계심을 알고 믿는 것(롬 8:28)이다. 18세기에 감리교 헌신예배를 위해 작성한 리처드 알레인(Richard Alleine)의 헌신기도에 그것이 생생하게 표현돼 있다.

> 저는 더 이상 제 것이 아니라 주님 것입니다. 주님 뜻대로 하소서. 주님 원하시는 자들에게 붙이소서. 일하게 하시고 고난받게 하소서. 주님을 위해 쓰시고 주님을 위해 묵히소서. 주님을 위해 높이시고 주님을 위해 낮추소서. 충만케 하시고 빈곤케 하소서. 모든 것을 갖게 하시고 아무것도 없게 하소서.

이렇듯 고난은 우리 유배생활에 중요한 도전이다. 다행히 우리는 혼자가 아니다. 신앙여정의 수많은 다른 여행자들이 우리 앞서 이 문제로 씨름했다. 그러니 고난의 길을 앞서 간 자에게 도움을 청하는 것은 지당한 일이다. 그래서 신앙여정의 히치하이크가 다시 시작된다.

히치하이크: 호레이셔스 보나와 함께

이번 길동무는 19세기 스코틀랜드의 대표적 목사이자 찬송 작사자의 한 사람인 호레이셔스 보나(Horatius Bonar, 1808-1889)다. 그는 찬송가 '양떼를 떠나서'와 '내게로 와서 쉬어라'로 가장 잘 알려져 있다. 보나는 에든버러 대학교에서 공부한 뒤 1833년 스코틀랜드 국경지방에서 설교사역을 시작했다. 그는 1837년 이후 스코틀랜드에 뿌리내리기 시작한 부흥운동에 가담했다. 1866년 에든버러로 돌아가 차머스 기념교회에서 사역을 시작했고, 특히 1873년 D. L. 무디(D. L. Moody)가 스코틀랜드 수도에서 이끈 부흥집회에 적극 가담했다.

보나는 사역에 크게 성공했지만, 고난을 깊이 아는 자였다. 그는 짧은 기간 내에 다섯 자녀를 연달아 사별하고 깊은 시름에 젖었다. 성도의 삶에서 고난이 점하는 자리에 대한 문제는 그의 생각을 떠나지 않았고 저서에도 자주 등장한다.

보나의 가장 독특한 생각 가운데 하나는, 고난이 그리스도인 "가족의 표식"이라는 것이다. 그리스도인들은 한가족인 만큼 많은 면에서 서로 닮은 모습을 보이지만, 그중 유독 돋보이는 것이 있다.

> 그들에게는 그 무엇보다 두드러진 특징이 있다. 그들은 모두 십자가를 지는 자다. 이것이야말로 진정한 가족의 표식이다. 각 구성원을 알아볼 수 있는 확실한 증표다. 그들은 다 십자가를 진다. 그것이 부끄러운 듯 숨기지도 않는다. "내게는 우리 주 예수 그리스도의 십자가 외에 결코 자랑할 것이 없으니 그리스도로 말미암아 세상이 나를 대하여 십자가에 못박히고 내가 또한 세상을 대하여 그러하니라." 십자가는 가벼울 때도 있고 무거울 때도 있다. 수치와 고난이 심할 때도 있고 덜할 때도 있다. 그러나 그들이 십자가를

지고 사는 것만은 불변의 사실이다.

보나에게 고난이란, 한마디로 우리가 유배기간을 보내야 할 이 "눈물 골짜기"에서는 불가피한 것이다. 우리보다 앞서 고난을 맛보고 그 아픔을 느낀 이들이 있다. 그 사실을 알면 큰 위로가 된다.

슬픔의 길은 결코 인적이 뜸한 길이 아니다. 모든 성도들이 그 길을 걸었다. 우리는 그들의 발자국을 따라갈 수 있다. 그것을 마음에 두면 큰 위로와 격려가 된다. 우리가 족쇄에 채여 깊숙한 지하 감옥에 던져질 때, 벌써 많은 순교자들이 우리보다 앞서 그곳을 거쳐 갔음을 알면 얼마나 위안이 되겠는가. 낡은 벽 사방에 친필로 새겨진 그들의 이름을 보면 얼마나 격려가 되겠는가. 어떤 고난을 당하든 우리에게는 그 위로가 있다. 우리가 던져지는 용광로는 이미 많은 성도들로 말미암아 거룩해졌다.

보나가 제시한 이미지가 중요하다. 우리 앞의 믿음의 길에는 성도들의 발자국이 나 있다. 우리는 그들의 경험과 질곡에 동참하며 그 길을 뒤따라간다. 그리고 마침내 천성문에 들어서 그들의 기쁨에 동참할 것이다.

보나에게 중요한 것은 고난의 체험을 철저히 그리스도인의 소망에 비추어 보는 것이다.

> "참으면 또한 [주와] 함께 왕 노릇할 것이요"(딤후 2:12). 우리에게는 이 확신이 있다. 여기서 고난에 연합하는 것은 거기서 영광에 연합한다는 보증이다. 둘은 불가분의 관계다. 이 땅에서 그분의 수모는 우리의 수모다. 하늘에서 그분의 영광은 우리의 영광이다. 그러므로 "오직 너희가 그리스도의 고난에 참예하는 것으로 즐거워하라. 이는 그의 영광을 나타내실 때에 너희로 즐거워하고 기뻐하게 하려 함이라"(벧전 4:13).

천국의 소망이 있기에 우리는 고난의 골짜기를 지날 수 있고, 유배기간이 얼마 남지 않았음을 알고 유배의 고생을 감당할 수 있다. 어느 날 우리는 집에 간다.

> 우리는 외로운 밤을 헤매는 나그네에 불과한 존재가 아니다. 먼 산봉우리 위로 희미하게 햇살이 비친다. 그 해는 여기서는 절대 뜨지 않지만, 나중에 새 하늘에서는 절대 지지 않는다. 그것으로 족하다. 어둡고 험한 길에 그것으로 위로와 격려가 된다.

햇살에 둘린 먼 산봉우리와 그 너머 약속의 땅, 얼마나 생생한 이미지인가. 지금은 해를 다 볼 수 없지만 거기는 하나님의 찬란한 영광의 해가 영원히 지지 않는다! 이 생각에 위안을 얻어 우리는 보나와 작별하고 계속 광야로 걸음을 내딛는다. 우리도 모세처럼 느보산에 올라 산 너머 그 땅, 약속된 본향을 내다보고 싶은 것은 당연한 일이다.

그 땅을 생각하며 우리는 유배의 고생을 견딘다. 그리고 여정을 지속한다.

3. 잔치의 오아시스

오아시스는 지친 길손들이 다시 길떠나기 전에 먹고 마시고 쉬어갈 수 있는 소생의 자리다. 음식과 음료와 휴식, 이 세 요소는 신약성경이 보여주는 하나님 나라에 절대 빠지지 않는 것들이다.

우리 주님은 하나님 나라를 잔치에 자주 비유하셨다(눅 14:15-24). 혼인을 축하하는 성대한 연회였다. 탕자가 아버지한테 돌아오자(눅 15:11-24) 아버지는 죽은 줄 알았던 아들이 안전하게 돌아온 것을 축하해 잔치를 열었다. 하나님 나라는 왜 잔치 같아야 할까?

잔치 이미지의 풍성한 의미와 그것이 우리 여정의 최종 목표에 주는 통찰을 이해하려면 잔치와 연관된 개념들을 훑어볼 필요가 있다. 역시 중요한 것은 그런 개념을 단순히 이해하는 것이 아니라 그 상황 속에 들어가 이미지의 정서적 측면을 경험하는 것이다. 그렇지 않으면 우리가 누리는 기독교의 소망이 까닭 없이 빈곤해진다.

첫째, 잔치 이미지에는 인간의 굶주림을 채우고 만족시켜 줄 수 있는 **푸짐한** 음식과 음료가 있다. 인간은 하나님과의 교제를 위해 지음받았으며 그것 없이는 공허하다. 그것이 인간 본성에 대한 기독교적 이해의 핵심 주제다. 히포의 어거스틴(354-430)은 하나님께 드리는 유명한 기도에 그것을 이렇게 표현했다. "주님, 당신을 위해 저희를 지으셨으니 주님 안에서 안식을 얻기까지 저희 마음은 쉼을 모릅니다." 이것을 충분히 실감하려면 굶주린 목숨을 부지하려 애타게 음식을 찾는 자신의 모습을 상상해 보라. 잔치 이미지는 하나님의 은혜를 선포한다. 그분은 목숨 부지에 필요한 생필품만 아니라 풍성한 음식을 차고 넘치게 공급하신다.

둘째, 잔치 이미지에는 **초청**의 개념이 들어 있다. 흥겨운 잔치에 끼려면 먼저 초청을 받아야 한다. 예수는 당시 유대 사회가 사회적 천민으로 취급하는 자들과 친히 한 상에 앉아 음식을 드셨다. 불쌍한 자들을 그분의 임재 안에 반기시고 받으셨다는 표시다. 잔치란 지체 높고 중요한 분의 존전에 불려가 환대받는 것이다. 내 품위까지 크게 격상되는 일이다. 우리가 그토록 중요한 일에 초청받았으니 그 기쁨을 한번 상상해 보라. 그리고 그것이 우리 자존감에 미칠 영향을 상상해 보라!

셋째, 잔치란 **축제와 기쁨**의 자리다. 잔치는 중대사와 관련해 열린다. 결혼식의 경우 신랑 신부를 알고 사랑하는 모든 자들이 기쁨과 즐거움을 나누고 표현한다. 이 세상 광야의 머나먼 여정이 드디어 끝났다. 종착점에 이르렀다. 마침내 우리는 안식할 수 있다!

넷째, 잔치란 누군가 중요한 사람을 **기리기 위한** 것이다. 잔치에 초대받는 것은 곧 그 사람의 존전에 불려가는 것이다. 우리가 들어갈 잔치는 과연 특별한 분을 기리는 자리다. 하나님 어린양의 혼인 잔치인 것이다(계 19:7-9).

인간이 죽으면 광활한 대양 같은 우주에 흡수돼 자기 정체를 잃는다고 가르치는 종교들이 있다. 한 방울 물이 바다에 떨어지는 순간 그 정체를 잃는 것처럼 말이다. 기독교의 복음은 전혀 다른 희망을 내놓는다. 구원받은 허다한 무리가 세상의 창조주요 구속자 곁에 앉아 기뻐하고 즐거워한다. 비록 말로 설명하기 어려울지라도 우리는 이 이미지를 소중히 간직하고 지켜야 한다.

내가 제일 좋아하는 소설 중 하나는 앙드레 지드의「전원교향곡」이다. 1890년대 스위스를 배경으로 한 이 소설은 한 개신교 목사와 날 때부터 장님인 소녀가 서로 친구가 되는 내용이다. 특히 내 흥미를 끈 부분이 있다. 목사는 눈먼 소녀에게 고산의 초원, 색색의 찬연한 봄꽃, 눈 덮인 산의 장관 등 주변의 아름다운 광경을 설명하려 애쓴다. 그는 강가의 파란 꽃이 하늘색 같다고 말하다가는 하늘을 본 적이 없는 소녀에게 그 비교가 무의미하다는 것을 깨닫는다. 초반부터 끝까지 목사는 자연세계의 아름다움과 경이를 소녀에게 전하려 하지만 언어의 한계에 끝없이 좌절한다. 하지만 그가 사용할 수 있는 도구는 말뿐이다. 세상을 본 적이 없는 사람에게 그는 세상의 참 모습을 말로 설명할 도리밖에 없다.

그러다 이야기는 뜻밖에 새로운 방향으로 전개된다. 인근 도시 로잔의 한 안과 전문의가 소녀의 상태가 수술 가능하며 시력이 회복될 수 있다는 소견을 전해 온 것이다. 로잔 병원에서 3주를 보낸 후 소녀는 목사의 집에 돌아온다. 목사가 그토록 말로만 설명해야 했던 광경을 이제 소녀는 직접 보고 느낄 수 있다. 소녀는 말한다. "목사님의 도움으로 시력을 되찾아 눈을 떠보니 세상은 제가 꿈꾸던 것보다 훨씬 아름다운 곳이에요. 정말이지 햇빛이 이렇게 밝고 대기가 이렇게 눈부시고 하늘이 저렇게 넓은지 전혀 상상도 못했어요." 목사의 참을성 있지만 역부족인 말로 좀처럼 충분히 설명되지 않던 세상을 이제 소녀는 직접 보게 된 것이다.

광야의 이스라엘에게 약속의 땅도 그랬다. 우리에게 천국도 그렇다. 천국은 우리가 알거나 겪어 본 최고 좋은 것들보다 훨씬 좋은 곳이다. 약속의 땅에는 젖과 꿀이 흘렀다. 그것은 이스라엘에게 거기가 풍성하고 윤택한 곳이라는 확신을 주었다. 비록 본 적은 없었지만 이스라엘 백성은 그곳에 들어가기 전부터 미리 기대할 수 있었다. 마찬가지로, 우리도 천국을 눈으로 본 적이 없지만 말씀에 의 지혜, 장차 그곳에 들어갈 것을 마음과 생각으로 준비해야 한다. 물론 말은 충분한 설명도 될 수 없고 우리를 준비시키기에도 미흡하다. 그러나 옛날 약속의 땅처럼 천국은 엄연히 우리를 기다리고 있다. 마침내 그곳에 도달할 때 천국은 우리 기대를 훨씬 능가할 것이다.

그렇다면 이 소망을 어떻게 살릴 것인가? 기독교 신앙의 많은 위대한 이미지들이 그렇듯이 이것도 금세 진부해질 수 있다. 무엇이든 일단 익숙해지면 자극의 힘을 잃게 마련이다. 한때 그토록 매력 있던 사람이 뻔해진다. 손을 떼지 못하고 빨려들던 책이 식상해진다. 개봉 때 너무 좋아 세 번이나 본 영화가 1년 후면 왠지 따분해진다. 익숙함은 무관심을 낳는다. 모든 것이 그렇듯 그리스도인의 소망도 예외가 아니다.

하지만 왜 그럴까? 너무 익숙해지면 왜 문제가 생길까? 우리는 왜 새 예루살렘이나 어린양의 성대한 혼인잔치에 감격을 잃어야 할까? 잘못은 우리에게 있다. 분명 인간의 타락한 본성에 있다. 죄의 파급효과란 어찌나 깊은지 하나님과 관련된 것들마저 퇴색되고 싫증나고 물릴 정도다. 그러니 이제 어찌할 것인가?

우리는 이 소망을 살려야 한다. 복음의 잔치 이미지를 늘 마음에 품되 각기 다른 각도에서 보면 도움이 된다.

- 산 위에서 약속의 땅을 어렴풋이 내다보는 자신의 모습을 그려본

다. 언젠가 나는 그곳에 들어가 사랑하는 이들로 더불어 잔치를 벌일 것을 안다.

- 좋은 친구들과 나누는 식사를 주님을 사랑하는 모든 자들을 위해 예비된 연회의 영광스런 맛보기로 생각한다. 그때는 그분 자신이 잔치의 주인공이 될 것이다.
- 장거리를 뛰거나 힘들게 축구시합을 한 후 느껴지는 갈증을 영원히 하나님과 함께 있고 싶은 갈망과 연결시킨다.
- 성만찬의 취지가 최후의 만찬을 상기시킴과 동시에 어린양의 혼인잔치를 내다보는 것임을 인식한다. 즉 성찬은 과거를 **기억**하고 미래를 **기대**하는 시간이다.
- 밤에 잠자리에 들 때, 그리스도인의 소망에 대한 믿음을 더해 주고 새 예루살렘에 그리스도와 함께 있으려는 갈망을 자극하는 성경말씀이나 이미지에 생각을 모은다.

그런가하면 천국 소망의 실체를 지적해 주고 그것의 시각화에 도움을 주는 이야기들을 주고받는 것도 좋다. 여기서 우리는 20세기 최고의 이야기꾼 중 한사람을 만나려고 한다. 우리 여정 맨 마지막 구간의 히치하이크가 될 것이다.

히치하이크: C. S. 루이스와 함께

마지막 여행 구간의 길동무는 어린이들을 위한 책을 즐겨 쓴 옥스퍼드의 명사 C. S. 루이스(C. S. Lewis, 1898-1963)다. 그는 북아일랜드에서 태어나 옥스퍼드에서 수학했다. 매그덜린 대학 특별 연구원으로 있던 1929년 여름, 그는 회심을 체험했다. 자서전 「예기치 못한 기쁨」(*Surprised by Joy*)에 실린 그의 회심 간증에 밝혀진 것처럼 회심은 전혀 그가 원하던 바가 아니었다. 그에게 회심은 **외부에서 닥쳐 온** 사건이었다.

> 매그덜린 그 방에 밤마다 홀로 있던 내 모습을 상상해 보라. 그즈음 나는 단 1초라도 생각이 작업을 떠나기만 하면 예외 없이 그분이 막무가내로 접근해 오는 듯한 기분이었다. 내가 그토록 만나지 않으려 했던 그분이 말이다. 내가 그토록 두려워하던 것이 마침내 나를 덮쳐 왔다. 1929년 여름학기에 나는 손을 들었다. 하나님이 하나님임을 인정하고 무릎꿇어 기도했다. 그날 밤 나는 영국 전체에서 가장 맥빠지고 마지못한 회심자였을 것이다. 겸손하신 하나님은 그런 회심자까지도 받아 주신다는, 지금은 가장 밝고 확실한 그 사실을 그때는 몰랐다.

영국문학을 전공한 루이스는 케임브리지 대학교 교수가 되어 중세 및 르네상스 문학을 가르쳤다.

루이스는 많은 저작을 남겼지만 「나니아 연대기」(*The Chronicles of Narnia*)로 집대성된 7권의 동화로 가장 유명할 것이다. 1권은 1950년에 간행된 「사자 마녀 옷장 이야기」다. 주인공—적어도 초반부의—은 네 명의 영국 중산층 아이들이다. 이들은 2차 세계대전 중 시골로 피난갔다가 약간 괴짜 냄새가 나는 어떤 교수의 미로 같은 고가(古家)에 머물게 된다. 집을 살피며 돌아다니던 아이들은 우연히 한 옷장을 발견하는데, 알고 보니 그 옷장은 나니아 왕국으로 통하게 돼 있었다.

나니아는 악한 마녀가 다스리는 나라다. 오래 전 권력을 장악한 마녀는 나라에 폭정을 휘두른다. 그러나 사자(獅子) 애슬란—그 나라의 진짜 왕—이 곧 돌아와 마녀를 권좌에서 몰아낸다는 소문이 나돈다. 아이들은 이 구속(救贖)의 이야기에 빨려든다. 기독교가 말하는 구원과 완성의 핵심 주제들이 그 안에 공교히 짜여져 있다.

애슬란의 임박한 통치를 축하하는 잔치 장면이 나온다. 루이스는 아이들 앞에 푸짐히 차려진 군침 도는 음식을 자세히 묘사한다. 이 대목을 읽을 때 꼭 알아야 할 것이 있다. 전쟁통에 영국은 지독한 빈곤에 시달리고 있었다. 루이스가 말한 실컷 배불리 먹을 수 있는 음식과 음료는 당시 영국 아이들에게 남의 나라 얘기였고 생각조차 할 수 없는 일이었다. 그렇게 성대한 잔치는 꿈속에나 가능한 일일 뿐, 아이들의 현실은 엄격히 배급되는 최소한의 기본 식량으로 근근히 때우는 것이었다.

최소한의 기본 식량에 젖어 있던 영국 아이가 그런 호화스런 잔치 모습에 어떤 반응을 보일지 상상해 보라. 꿈에나 볼 수 있는 요리들이 눈앞에 차려져 있다. 아이가 경험할 기대감과 아쉬움을 헤아려 보라. 루이스에게 천국은 그 잔치 같은 것이다. 그 잔치는 이 땅이 절대 줄 수 없는 것을 약속한다. 이 땅은 장차 올 것에 대한 그림자일 뿐이며, 지금은 갈 수 없는 곳에 대한 그리움을 더해 준다. **그곳은 분명 우리를 기다리고 있다!**

루이스가 말한 나니아의 잔치가 전시 영국의 궁색함과 황량함을 완전히 초월한 것처럼, 새 예루살렘도 우리가 현재 아는 모든 것을 초월할 것이다. 천국은 이 세상의 최고보다 더 좋은 곳이다. 우리는 그런 생각으로 큰 위로를 얻을 수 있다.

이 생각에 힘입어 우리는 여정을 지속한다. 이제 끝이 그리 멀지 않음을 안다. 마침내 우리는 그토록 만나고 싶었던 분을 영원히 대면하여 뵐 것이다. 너무 황홀해 얼른 받아들여지지 않을 정도다. 시편기자도 하나님을 뵙고 싶은 열망을 비슷한 말로 표현했다(시 27:4).

내가 여호와께 청하였던 한 가지 일 곧 그것을 구하리니 곧 나로 내

생전에 여호와의 집에 거하여 여호와의 아름다움을 앙망하며 그 전에서 사모하게 하실 것이라.

시편기자가 평생 사모했던 것이, 어느 날 우리 것이 될 것이다. 우리는 우리 주님과 구주의 집에 들어가 그분 얼굴을 보며 영원토록 평안히 거할 것이다.

계속되는 여정

 본서는 끝나지만 신앙여정은 계속된다. 길가는 우리에게 힘이 되어줄 만한 통찰을 소개한 이 책은, 그 여정의 의미를 살펴보는 하나의 틀이었다. 하지만 이 여정은 지극히 개인적인 작업이다. 우리는 각자 일정이 다르다. 하나님의 피조물로서 나만의 독특한 정체와 하나님과 나만의 특수한 관계가 반영되기 때문이다.

우리가 천성길을 가는 개별적 나그네라는 사실은 인간의 필요가 저마다 독특하다는 뜻이다. 모든 사람의 필요가 다 같은 것은 아니다. 내 마음에 맞는 길동무가 다른 이에게는 반감을 주거나 도움이 되지 않을 수도 있다. 그러므로 본서에 소개된 일반적 접근을 나만의 독특한 상황에 맞게 맞춤식으로 심화, 발전시키는 것이 중요하다.

예컨대 당신의 개인적 신앙여정에 동행해 줄 길동무들을 더 선택

할 수 있다. 자신의 신앙여정에 격려와 도움과 도전을 준 작가들의 작품을 당신의 친구들이 알고 있을 것이다. 그들과 대화하며 누가 도움이 되었는지 물어보라. 토마스 아 켐피스(Thomas a Kempis, 약 1380-1471), 존 칼빈(John Calvin, 1509-1564), 존 웨슬리(John Wesley, 1703-1791), 코리 텐 붐(Corrie ten Boom, 1892-1983) 등 지면상 본서에 언급하지 못했지만 많은 이들에게 큰 도움이 된 다른 길동무들도 있다.

여기서 염두에 둘 것이 있다. 기독교 작가들의 글을 읽는 것은 음악을 듣는 것과 비슷한 면이 있다. 취향이나 스타일의 문제가 개입된다. 내 친구들이 좋아하는 것이 내게는 별 감동을 못 줄 수도 있다. 나와 "파장이 같거나"(옛날 표현이지만 아주 적절하다) "통하는 데가 있는" 작가들을 찾을 필요가 있다. 그런 작가들을 찾거든 그들과 함께 있으라! 그들을 신앙여정의 길동무로 대하라. 가능하면 그들의 저작만 아니라 전기도 읽으라. 그러면 그들도 그리스도인인의 삶—그들 저서의 주제가 된—을 살았던 믿음의 남녀임을 느낄 수 있다. 우리는 그들이 부딪친 도전, 그들이 받은 격려, 그들이 종종 어렵게 배운 교훈을 통해 배울 수 있다.

부딪치는 광야 체험이 사람마다 다르다는 것도 알아야 한다. 본서에 다뤄진 광야의 주제들은 보편적이고 중요한 것들이다. 회의와 두려움과 실패는 우리들 대부분이 이따금씩 씨름해야 하는 문제다.

그러나 일부 사람들에게 특별히 중요한 역할을 하는 다른 광야들도 있다. 예컨대 외로움이 특히 어려운 문제로 느껴지는 그리스도인들이 있다. 우리는 고독에 어떻게 대처할 것인가? 겉으로는 적대적인 듯 보이는 고독의 이면에 어떤 영적 보배가 숨어 있을까? 신앙여정에 진보가 있으려면 이런 문제들을 처리하는 것이 중요하다.

그러나 본서에 계속해서 사용된 일반원리는 이후 지속되는 여정에도 똑같이 적용될 수 있다. 하나님의 선하신 은혜로 우리보다 앞서 이 길을 간 사람들이 있다. 그들은 불모지를 지났고 오아시스에서 깊이 해갈했다. 그들은 외로울 때 눈물 흘렸고, 소생의 순간 기뻐 소리쳤다. 그들은 천성길 여정에 우리의 길동무가 될 수 있다.

대니얼 디포(Daniel Defoe)의 「로빈슨 크루소」를 읽은 이들이 많다. 소설의 무대는 로빈슨 크루소가 파선하여 가 닿은 무인도다. 그는 자기가 철저히 혼자인 줄 안다. 그는 외로움을 무릅쓰고 눈앞의 난관을 헤쳐 나가기 시작한다. 그때 상황에 대한 그의 시각을 완전히 뒤바꿔 놓는 사건이 벌어진다. 해변을 걷다가 그는 모래밭에서 사람의 발자국을 발견한 것이다. 갑자기 모든 것이 달라진다. **누군가 다른 사람이 있다.** 크루소는 겁내야 할지 좋아해야 할지 분간이 안 선다!

우리는 마치 은둔자인 양 혼자 힘으로 낑낑대며 신앙생활을 해나가려 할 때가 너무 많다. 너무 자만심에 차 도움의 필요성을 인정하지 못할 수도 있다. 그보다, 단순히 남들이 나와 동행하고 있음을 알아차리지 못했을 소지가 높다. 머나먼 천국길의 걸음걸음마다 앞서 간 이들의 모습이 서려 있고 그들의 희비의 눈물로 젖어 있다. 우리는 그들이 이미 경험한 것들을 통해 배울 수 있다. 이 세상 광야를 그들이 앞서 갔다는 사실에 안도할 수 있다. 지금도 우리와 나란히 이 여정을 걷는 자들의 존재를 통해 위안을 얻을 수 있다.

마지막으로 우리는, 언젠가 나도 여행을 끝내고 새 예루살렘에 그들과 합류할 것을 확실히 알기에 기뻐할 수 있다. 그때 우리는 우리 주님과 구주의 영광스런 모습 앞에 함께 소리 높여 찬양하며 하나님 나라에서 그분과 함께 먹고 마실 것이다. 드디어 여정은 끝나고 더 놀라운 삶이 시작될 것이다.

참고자료

첫째 여정

Jonathan Edwards, "The Christian Pilgrim," in *Basic Writings*(New York: New American Library, 1966), 136-37.

J. I. Packer, *Knowing God*(Downers Grove, IL.: InterVarsity Press, 1973), 38-39. (「하나님을 아는 지식」 IVP)

둘째 여정

The Prayers and Meditations of St. Anselm, translated by Benedicta Ward (Harmondsworth: Penguin Books, 1973), 94-95.

Alexander MacLaren, *Victory in Failure*(New Canaan, CT.: Keats Publishing, 1980), 10-12.

Susanna Wesley, "Devotional Journal," in Michael D. McMullen(ed.), *Hearts Aflame: Prayers of Susanna, John and Charles Wesley*(London: Triangle Books, 1995), 68, 18, 29.

셋째 여정

Isaac Watts, "When I Survey the Wondrous Cross," in *Hymns Ancient and Modern Revised*(London: Clowes, 1922), 85. (찬송가 147장 '주 달려 죽은 십자가')

John Bunyan, *The Pilgrim's Progress*(London: Dent, 1907), 217-18. (「천로역정」)

넷째 여정

John Stott, "The Biblical Basis for Declaring God's Glory," in D. M. Howard(ed.), *Declare His Glory Among the Nations*(Downers Grove, IL.: InterVarsity Press, 1977), 90.

Horatius Bonar, *When God's Children Suffer*(New Canaan, CT.: Keats Publishing, 1981), 19-20, 113, 121. (「하나님의 자녀가 고난당할 때」 말씀보존학회)

C. S. Lewis, *Suprised by Joy*(New York: Harcourt Brace Jovanovich, 1956), 228-29. (「예기치 못한 기쁨」 홍성사)